W0193461

JAN ROSS

BORIS JOHNSON

PORTRÄT EINES STÖRENFRIEDS

ROWOHLT · BERLIN

Originalausgabe
Veröffentlicht im Rowohlt · Berlin Verlag, Oktober 2020
Copyright © 2020 by Rowohlt · Berlin Verlag GmbH, Berlin
Covergestaltung Anzinger und Rasp, München
Coverabbildung Javier Sirvent / Redux / laif
Satz aus der DTL Documenta
bei Pinkuin Satz und Datentechnik, Berlin
Druck und Bindung CPI books GmbH, Leck, Germany
ISBN 978-3-7371-0106-6

Die Rowohlt Verlage haben sich zu einer nachhaltigen
Buchproduktion verpflichtet. Gemeinsam mit unseren
Partnern und Lieferanten setzen wir uns für eine klimaneu-
trale Buchproduktion ein, die den Erwerb von Klimazerti-
fikaten zur Kompensation des CO_2-Ausstoßes einschließt.
www.klimaneutralerverlag.de

INHALT

DAS GROSSE
MISSVERSTÄNDNIS

Ich war spät dran für die Rede des Premierministers. Mit meiner Presse-Akkreditierung stimmte irgendetwas nicht, und noch Minuten nachdem ich hinter dem Rücken der Ordner einen mir definitiv nicht zustehenden guten Platz im Auditorium des überfüllten Kongresszentrums besetzt hatte, fürchtete ich, dass mein irregulärer Status auffliegen und ich des Saales verwiesen werden würde. Draußen, zwischen den Ständen von Politorganisationen und Lobbyisten, drängten sich die Parteitagsbesucher, die keinen Einlass mehr gefunden hatten; in diese ungastliche Wartezone verbannt zu werden, war kein erfreulicher Gedanke. Doch allmählich legten sich meine Enttarnungsängste, und ich konnte mich auf die Rede konzentrieren, die Boris Johnson an diesem 2. Oktober 2019 auf dem jährlichen Kongress der britischen Konservativen, der Tories, in Manchester hielt.

Der Regierungschef hätte eigentlich, so ließ sich denken, verbittert und aggressiv auftreten müssen. Erst seit gut zwei Monaten im Amt, war ihm bislang praktisch nichts gelungen: Im Unterhaus bekam er keine Mehrheit für seinen Brexit-Kurs, die Opposition verweigerte ihm Neuwahlen, und vor dem Obersten Gerichtshof hatte er wegen eines verfassungspolitisch anrüchigen parlamentarischen Verfahrenstricks eine demütigende Niederlage erlitten. Nach dem Rezeptbuch für Populisten wäre jetzt die Öffnung der Giftschleusen an der Reihe gewesen, eine Mischung aus Weinerlichkeit, Feindbildpflege und Drohgebärden. So hätte jedenfalls Donald Trump agiert, zu dessen britischem Zwillingsbruder Boris Johnson von vielen, nicht zuletzt in Deutschland, erklärt worden war. Nur dass Johnson an diesem Mittwochmittag überhaupt nichts dergleichen tat.

Stattdessen hielt er eine entspannte, gutgelaunte, positiv gestimmte Rede. Zwar polemisierte er gegen die brexitskeptische Unterhausmehrheit, doch klang das dann so: «Wenn das Parlament eine Reality-TV-Show wäre, hätten die Leute uns alle inzwischen aus dem Dschungel rausgewählt. Aber wenigstens hätten wir zusehen können, wie der *speaker* [der regierungskritische Parlamentspräsident John Bercow] gezwungen wird, einen Känguru-Hoden zu essen.» Trotz der bevorstehenden und von ihm verfochtenen Trennung von der EU erklärte Johnson: «Wir lieben Europa» – worauf das Echo ihm etwas verhalten vorgekommen sein mag, sodass er halb besänftigend und halb trotzig nachschob: «Ich jedenfalls liebe Europa.»

Der Premierminister jammerte nicht, wie Populisten es sonst zu tun pflegen, über die Globalisierung, sondern feierte den Freihandel (und nannte als besonders schlagenden Beleg für britische Exportstärke die Ausfuhr von CDs des Popsängers Jason Donovan nach Nordkorea). Johnson prahlte ein bisschen mit einem englischen Nuklearforschungszentrum, das «an der Schwelle zur Herstellung kommerziell nutzbarer Minifusionsreaktoren zum Verkauf rund um die Welt» stehe – und fügte dann hinzu: «Ich weiß, dass sie seit einiger Zeit an der Schwelle stehen. Es ist eine ziemlich geräumige Art Schwelle.»

Boris Johnsons Parteitagsrede in Manchester war mitnichten ein sensationelles Ereignis. Der Regierungschef machte keine überraschenden politischen Ankündigungen und lieferte keine hochfliegende, herzerhebende Rhetorik nach Art von Barack Obama. Aber eines war absolut klar: Eine solche Rede hätte Donald Trump oder irgendeine andere nationalistische Führergestalt unserer Zeit, von Viktor Orbán in Ungarn bis zu Narendra Modi in Indien, nicht halten können, nie im Leben. Nicht nur wegen ihres Humors und Understatements. Keiner dieser vermeintlichen Volkstribunen hätte sich auch ähnlich emphatisch wie Johnson zur fundamentalen Menschengleichheit bekannt und als Praxisbeispiel dafür ein steuerfinanziertes, für die Patienten kostenloses Gesundheitssystem genannt: «Der *National Health Service*», so Johnson, «ist den Leuten dieses Landes heilig wegen der schlichten Schönheit seines Prinzips: dass es nicht darauf ankommt, wer du bist oder woher du kommst, sondern dass, wenn du krank bist, sich gleichsam das ganze Land an deinem Bett versammelt und alles tut, was es kann, um dich wieder gesund zu machen.» Das ist nicht die Sprache, in der Autokraten oder Demagogen reden, und ihre Gedanken sind es auch nicht.

Über kaum einen Politiker der Gegenwart sind so viele Klischees im Umlauf wie über Boris Johnson, gerade auch in Deutschland. Nicht, dass er keine Kritik verdient hätte: Von seinen Unwahrheiten und Verantwortungslosigkeiten wird in diesem Buch zur Genüge die Rede sein. Wir werden auch sehen, dass seine warmen Worte für ein solidarisches Gesundheitssystem in einer eigentümlichen Spannung zu einer durchaus kalten Lebensphilosophie stehen. Aber das verbreitete Johnson-Bashing ist von anderen Dimensionen. Man hat ihn als Clown, als radikalen Rechten oder radikal rechten Clown hingestellt. Er wurde als englische Witz- und Hassfigur karikiert, als spätimperialistischer Oxford-Schnösel – als seien hämische Nationalstereotype, die man gegenüber Polen oder Italienern abstoßend finden würde, im Falle eines Briten halb so schlimm. Johnson war zudem, so die herrschende Meinung, ein hoffnungsloser Dilettant: Bei jeder Hinterbänkler-Rebellion gegen seinen Brexit-Kurs hat man ihm den politischen Untergang prophezeit. Bis er Ende 2019 einen Wahlsieg errang, der ihm im Unterhaus eine Mehrheit von achtzig Abgeordneten eintrug. Vielleicht doch kein so hoffnungsloser Dilettant?

Vorher hatte Johnson angeblich die demokratische Legitimation gefehlt, weil er zunächst nicht vom Volk, sondern nur von den weniger als 200 000 Mitgliedern der Konservativen Partei ins Amt gebracht worden war, nachdem seine Vorgängerin Theresa May den Posten aufgegeben hatte. Wobei in Deutschland, wenn ein Bundeskanzler während einer laufenden Legislaturperiode zurücktritt, sein Nachfolger nicht einmal den erklärten Rückhalt irgendeiner Parteibasis braucht, sondern von 366 oder 409 Unterstützern im Parlament gewählt wird. Doch auf den Vergleich schien niemand zu kommen. Bei Johnson und Johnsons Großbritannien muss man sich offenbar um Fairness nicht allzu angestrengt bemühen. Als Schweden während der Corona-Krise seinen Sonderweg ohne Lockdown beschritt und höhere Opferzahlen als andere europäische Länder in Kauf nahm, wirkte das bedenklich und wurde auch eindringlich hinterfragt – in der Regel in sachlichem Ton. Als freilich die britische Regierung in der Frühphase der Epidemie eine verwandte Strategie der «Herdenimmunität» zu verfolgen schien, galt das gleich als Beweis der elitären Menschenverachtung, die unter dem Brexit-Monster Boris Johnson auf der Insel Einzug gehalten habe.

Das alles waren keine Meisterleistungen souveräner politischer Urteilskraft. Doch der eigentliche Kern des Johnson-Missverständnisses ist ein anderer. Es ist, was sich in Manchester beim Kontakt mit der Redeweise und Selbstdarstellung des Mannes sofort in Luft auflöste: die Verwechslung mit Trump und Konsorten. Die irrige Identifikation von Boris Johnsons Politik und Persönlichkeit mit dem giftigen Nationalpopulismus dieser Jahre.

Nicht, dass Johnson über populistische Appelle erhaben wäre. Nach seinem Wahlsieg im Dezember 2019 trat der Premierminister vor seinen Anhängern unter dem Slogan und Banner *The People's Government* auf. Das klang bürgernah, war aber im Grunde furchterregend: als könne in einer Demokratie irgendeine Regierung einen höheren Anspruch darauf erheben, das Volk zu repräsentieren, als jede andere.

Doch die wesentlichen Positionen der neuen Internationale der nationalistischen Scharfmacher und Dunkelmänner teilt Boris Johnson nicht. Er ist kein Protektionist, sondern ein Freihändler. Er ist kein Leugner oder Beschöniger des Klimawandels, sondern ein bekennender und sogar leidlich praktizierender Umweltschützer. Er glaubt nicht, dass man Moral und Werte in der Außenpolitik ignorieren sollte, sondern hat sich mit dem mächtigen China angelegt, als die Volksrepublik Rechtsstaat und Bürgerfreiheiten in Hongkong zu untergraben anfing.

Vor allem jedoch ist Johnson kein Hasser und Hetzer, kein Aufpeitscher des verunsicherten weißen Mannes gegen Feminismus, Islam oder Einwanderung, kein Prediger von Angst und Ressentiment, kein Verleumder oder Verfolger von Minderheiten. Noch als er in einer Zeitungskolumne vollverschleierte muslimische Frauen flegelhaft mit Briefkästen (wegen des

Sehschlitzes) verglich, wandte er sich zugleich, als guter Liberaler, gegen ein Burka-Verbot (während wahrscheinlich die Hälfte der patentierten Johnson-Kritiker auf dem Kontinent einen solchen Eingriff in die Religionsfreiheit begrüßen oder mindestens wohlwollend in Betracht ziehen würde). Die gesamte Marke und das gesamte Projekt Johnson, sein existenzielles und politisches Profil, ist lebensfreundlich und optimistisch. Er ist nicht, wie die verkniffenen, missgünstigen Normalpopulisten, ein Agent des Nein, sondern ein Repräsentant des Ja. Und es wäre vollkommen verkehrt, das als bloße Stilfrage abzutun. In einem Zeitalter der gequälten oder bösartigen Grimasse ist das freie Lachen ein politisches Faktum ersten Ranges.

Im Juli 2019, als Johnson sich um den Parteivorsitz der Tories bewarb, verlieh ein Leserbriefschreiber im konservativen *Daily Telegraph* seiner Begeisterung für den Kandidaten Ausdruck, indem er ihn mit einer literarischen Figur verglich: dem Helden von Arnold Bennetts komischem Roman *The Card* aus dem Jahr 1911. Dieser Denry Machin ist ein unerschöpflich einfallsreicher und zugleich extrem windiger Geschäftemacher, der aus ärmlichen Verhältnissen nicht nur zu Wohlstand, sondern zum hochrespektablen Bürgermeisteramt aufsteigt. Indes, fragt einer der Stadträte indigniert, was hat er eigentlich geleistet? Hat er auch nur einen Tag in seinem Leben gearbeitet? Mit welcher großen Sache verbindet sich sein Name? «Er verbindet sich», antwortet da einer von Denry Machins Anhängern, «mit der großen Sache, uns allen gute Laune zu machen.» Unvorstellbar, dass irgendjemand das über einen der üblichen Rechtspopulisten sagen könnte. Als Empfehlung für Boris Johnson war es die natürlichste Sache der Welt.

Dieses Buch versucht, sich von den bequemen Klischees freizumachen und einen frischen, neugierigen Blick auf den britischen Premierminister zu werfen. Es ist keine Biographie, keine detailreiche Lebensbeschreibung; es gibt zwei sehr gute von Andrew Gimson und Sonia Purnell, auf die ich dankbar zurückgegriffen habe. Was ich vielmehr probiere, ist eine Einführung in die Welt des Boris Johnson für deutsche Leser – und zugleich ein Deutungsversuch. Denn so seltsam es klingt: Dieser Politiker, den viele nicht ernst nehmen, ist nicht nur der Held einer ungewöhnlich spannenden Geschichte, sondern bietet auch Stoff zum Nachdenken. Boris Johnson ist nicht der mächtigste Staatsmann unserer Zeit und schwerlich der beste, aber vielleicht der interessanteste.

Das Buch ist, wie der Untertitel sagt, das Porträt eines Störenfrieds, eines Unruhestifters. Johnson hat mit dem Brexit ganz Europa aufgeschreckt und die Ordnung des Kontinents durcheinandergebracht. Die Auswirkungen könnten am Ende sein eigenes Land, das Vereinigte Königreich, erschüttern oder sogar sprengen, falls die Schotten, die Johnsons Brexit mehrheitlich für falsch halten, ihr Unabhängigkeitsbestreben wiederbeleben und aus dem britischen Staatsverband ausscheiden sollten. Doch Johnson hat auch eine ideologische Revolution ausgelöst: Er hat bei seinem Triumph im Dezember 2019 für die Tories Wähler aus dem Arbeitermilieu gewonnen, die früher die Partei nie gewählt hätten und die ihr Gesicht und ihre Philosophie unweigerlich verändern werden. Die Geburt dieses «Volkskonservativismus» ist eine der bemerkenswertesten Neuerungen, die sich mit Johnson verbinden, womöglich nicht weniger bedeutsam und folgenreich als der Brexit. Großbritannien ist damit noch einmal zum politischen Experimentierfeld geworden, wie nach den Wahlsiegen von Margaret Thatcher 1979 und von

Tony Blair 1991, von denen die «neoliberale» Renaissance der Marktwirtschaft und die Reform-Sozialdemokratie des «Dritten Wegs» ihren Ausgang genommen haben.

Boris Johnson wird hier aber auch deshalb ein Störenfried genannt, weil er für unser ordentliches deutsches Politikverständnis eine besondere Provokation bedeutet. Wir sind an seriöses Staatspersonal gewöhnt, entweder idealistisch oder bürokratisch. Eine Schelmen- und Abenteurerfigur, wie Johnson sie zumindest über weite Strecken seiner Karriere verkörpert hat, ist zwar auch für die englische Politik keineswegs typisch. Man braucht nur an Theresa May zu denken, die bieder pflichtbewusste Vorgängerin des Premierministers, oder, wiederum davor, an die kultivierte Edelnormalität von David Cameron. Beides nicht gerade Paradebeispiele amüsanter Exzentrik. Doch einen stärkeren Hang zum Spielerischen, zu Uneigentlichkeit und dem Unterlaufen professioneller Strenge gibt es in der politischen Kultur Großbritanniens in der Tat. Nichts völlig ernst zu nehmen, sich dabei jedenfalls nicht erwischen zu lassen, das Authentische zu scheuen und das Stilisierte zu pflegen, alles gleichsam in Anführungszeichen zu setzen – dieses prinzipielle Distanz- und Ironiegebot ist ein klassischer Bestandteil der englischen Sozialisation, besonders der männlichen, besonders in der Elite. Aus deutscher Perspektive kann das irritieren.

Boris Johnsons spielerisches Wesen hat ihn mehr als einmal zu Fehlern und Sündenfällen verleitet, und wir werden uns genau mit ihnen beschäftigen. Aber die Lebendigkeit seiner Geschichte, die wir erzählen und erwägen wollen, hat davon immens profitiert. Und somit geht es los.

KAPITEL 1

WIE MAN BORIS WIRD

Viele Deutsche halten Boris Johnson, was seine Herkunft angeht, für ein typisches Mitglied der englischen Elite. Aber das stimmt nicht. Ein typisches Mitglied der englischen Elite ist etwa Johnsons Vorvorgänger als Premierminister, David Cameron: solide großbürgerlich (der Vater war ein wohlhabender Börsenhändler), mit Verbindungen noch ein bisschen höher hinauf, in die Aristokratie (Camerons Frau Samantha stammt aus einer seit acht Generationen adligen Familie). Nicht gerade absolute *High Society*, aber am oberen Rand der oberen Mittelschicht. Die Johnsons dagegen haben einen viel wackligeren sozialen Status. Sie gehören einem eher bohemehaften Milieu an, einer Art Prekariat der Elite.

Alexander Boris de Pfeffel Johnson wurde am 19. Juni 1964 nicht in England geboren, sondern in den Vereinigten Staaten, in New York. Seine Eltern, Charlotte und Stanley, beide erst Anfang zwanzig, lebten mit einem Reise- und Studienstipendium in den USA, das der junge Vater in Oxford gewonnen hatte. Die Familie, die ziemlich schnell auf sechs Köpfe anwuchs, führte in den nächsten Jahren ein unstetes internationales Wanderdasein zwischen Amerika, England und dem Kontinent. Stanley, der eben noch *Creative Writing* in Iowa studiert hatte, machte in Oxford einen Abschluss in Agrarökonomie und landete schließlich, Frau und Kinder immer im Schlepptau, wieder in den USA, erst bei der Weltbank und dann bei einem Projekt für die Vereinten Nationen, das Mittel gegen die Bevölkerungsexplosion in der damals noch so genannten «Dritten Welt» suchte. Es folgten Stationen in London (im Planungsstab der Konservativen Partei) und in Brüssel, wo Stanley in der neu geschaffenen Umweltabteilung der Europäischen Kommission arbeitete. Es entbehrt nicht der Ironie, dass der Vater des Brexit-Vaters in jungen Jahren ein überzeugter Eurokrat war. Von 1979 bis 1984 gehörte Stanley sogar dem später von britischen EU-Gegnern so gern verhöhnten Europäischen Parlament an. Als Charlotte Johnson sich vor dem Umzug nach Brüssel besorgt über die pädagogische Zukunft ihrer Kinder äußerte, erklärte Stanley ganz selbstverständlich: «Sie können die Europäische Schule besuchen und zu guten kleinen Europäern heranwachsen.» Das ist, was Boris betrifft, nicht ganz nach Plan gelaufen.

Charlotte, eine Malerin, kommt aus einer zugleich feinen, linksliberalen und intellektuellen Familie; ihre Großmutter war die erste Übersetzerin Thomas Manns ins Englische. Charlottes Kinder erlebten sie als den Wärmequell und moralischen Kompass der Familie. In der Parteitagsrede in Manchester, die ich in der Einleitung zitiert habe, ist es seine Mutter, die Boris als eigentliche Lebensautorität nannte: Sie habe ihm die Überzeugung vom gleichen Wert und der gleichen Würde der Menschen beigebracht. Stanley ist mit ihr verglichen eine schillernde Figur. Wer in der englischen guten Gesellschaft hat schon einen türkischen Großvater vorzuweisen, der als prominenter Publizist und Politiker nach dem Ersten Weltkrieg und dem Untergang des Osmanischen Reichs mit dem Republikgründer Kemal Atatürk aneinandergeriet und von Nationalisten ermordet wurde?

Heute zählen die Johnsons in der Tat zur britischen Elite, aber sie sind in ihr nicht zu Hause, sie haben in ihr keine tiefen Wurzeln. Daraus entspringt ein eigentümliches Wechselspiel von Ehrgeiz und Schalkhaftigkeit, ein widersprüchliches doppeltes Bestreben, im Establishment zugelassen und anerkannt zu sein – und ihm gleichzeitig eine Nase zu drehen, es auf die Probe zu stellen, seine Grenzen auszutesten. Respektlosigkeit und Chuzpe sind im Überfluss da, es wird mit Gusto gegen Konvention und gute Sitten verstoßen – aber der revolutionäre Impuls, das Bedürfnis, die herrschende Ordnung umzustoßen und etwas wirklich Neues anzufangen, fehlt weitgehend. Johnsonhaftigkeit, wie Stanley und Boris sie verkörpern, ist flegelhaft, aber nicht rebellisch, frech, aber konservativ.

Der Vater liebt dieselbe Art der Provokation, die zum Markenzeichen seines Sohnes geworden ist. Stanley erzählt über seine Hochstimmung, als er, Student in Oxford, vor festlichem Publikum ein preisgekröntes eigenes Gedicht vortragen durfte: «Ich habe diese Auftritte in vollem Ornat immer geschätzt. Man hat da ein seltsames Machtgefühl. Kein Wunder, dass Hitler [die Reichsparteitage in] Nürnberg genoss.» Seinen Job bei der Weltbank verlor er wegen eines Aprilscherzes. Um die Aufmerksamkeit des scheinbar leicht verschnarchten Direktoriums zu testen, hatte Stanley zusammen mit einem Freund ein Projekt zur Förderung des Tourismus in Ägypten ausgearbeitet; die vorgeschlagene Kreditsumme betrug 100 Millionen US-Dollar. Nur bei genauerer Lektüre stellte man fest, dass das Geld für den Bau von drei neuen Pyramiden verwendet werden sollte. «Die Verdoppelung der verfügbaren Pyramiden» im Land werde durch die stark vermehrte Inanspruchnahme von «Hotelunterbringung, Nachtclubs, Fremdenführern, Kamelen etc.» die ägyptische Wirtschaft erheblich beleben. Die Kapitalrendite für die Investition in den Pyramidenbau sei mit 9,762 Prozent zu veranschlagen. Das Weltbank-Führungsgremium war nicht ganz so vertrottelt wie angenommen; Stanley wurde nahegelegt, sich ein neues Betätigungsfeld zu suchen.

Es fällt nicht leicht, hinter diesen beliebig vermehrbaren Stanley-Johnson-Anekdoten, von ihm selbst oder von anderen erzählt, einen menschlichen Kern, die Umrisse einer realen Person freizulegen. Der Oxford-Witzbold ist zugleich ein leidenschaftlicher ökologischer Aktivist für den Schutz von bedrohten Dickhäutern oder Gorillas, hat aber auch auf seine alten Tage für eine Reality-TV-Show im Dschungel campiert. 2017 erschien der bislang letzte von zehn Romanen, die Stanley Johnson verfasst hat – ein satirischer Politthriller unter dem Titel *Kompromat*, in dem mit Sex-Erpressungen und Mordanschlägen durch Giftspinnen zwischen Moskau, Peking, Washington und London um den Brexit gekämpft wird. Eine deutsche Bundeskanzlerin kommt ebenfalls vor, Helga Brun, die aus der früheren DDR stammt und dort für einen in Dresden stationierten sowjetischen Geheimdienstler gearbeitet hat, der inzwischen Präsident von Russland geworden ist. Damals war die spätere Kanzlerin von dem schneidigen KGB-Offizier auch als Frau beeindruckt: «Einmal hatte sie ihn kühn gefragt: ‹Igor, bist du eigentlich mit einer Erektion geboren?›» Insgesamt ein eigentümlich pueriles Buch für einen Autor, der bei der Publikation schon auf die achtzig zuging. Um den alten Stanley Johnson liegt etwas von der mentalen Haltlosigkeit des unwürdigen Greises.

«Ich konnte nicht mit ihm zusammenbleiben», blickte Charlotte Johnson später auf die Ehe mit ihrem Mann zurück, die in den gemeinsamen Brüsseler Jahren zerbrach. «Er war so unzugänglich, von seiner völligen Untreue zu schweigen. Ich konnte nicht damit leben, dass er niemals irgendetwas ernstnehmen wollte.» In seinen Memoiren nimmt Stanley die Schuld für die Trennung ganz auf sich, weiß aber keinen anderen Grund für das Scheitern des Zusammenseins zu nennen als die Tatsache, dass er seiner Frau in fünfzehn Jahren zweiunddreißig Umzüge zugemutet habe. Die Kinder hätten ihm bei der Scheidung «verzweifelt leidgetan». Allerdings: «Von einem praktischen Gesichtspunkt aus betrachtet, hätten die Dinge schlimmer sein können, als sie tatsächlich waren. Unsere drei älteren Kinder waren damals in England im Internat.» Selbst für die unterkühlten britischen Verhältnisse ist Stanley Johnson kein Genie bei der Artikulation von Gefühlen, und vielleicht auch nicht bei ihrer Empfindung.

Diese gehemmte, fast behindert wirkende Emotionalität findet ihr Echo in der klammen Verlegenheit, mit der Stanleys Sohn einmal öffentlich über die Trennung der Eltern gesprochen hat. Boris Johnson ist für gewöhnlich bis zur Verschlossenheit diskret, wenn es um sein Privat- oder Seelenleben geht. Auf die Frage eines Interviewers nach der Scheidung von Charlotte und Stanley, so berichtet Boris' Biograph Andrew Gimson, habe Johnson zunächst spontan gesagt: «Ja, es hat mich mitgenommen, als sie sich getrennt haben.» Um kurz darauf vor seiner ungewohnten Offenheit zurückzuschrecken: «Oh gütiger Gott, sie werden das lesen.» Und sich schließlich in eine abgewogene, ausweichende Null-Antwort zu flüchten: «Nein, es hatte einen gewissen Effekt. Sie haben es brillant gehandhabt.»

Boris Johnsons Freunde bestehen darauf, dass er mitnichten eine Charakterkopie seines Vaters sei; der Sohn habe eine ganz andere innere Tiefe und Komplexität. «Das ist der Wesensunterschied zwischen Boris und seinem Vater», erklärte auch Mutter Charlotte Johnson, nachdem sie im Rückblick das emotionale Analphabetentum ihres Ex-Mannes beklagt hatte. «Mit Boris kann ich über alles sprechen.» Umso mehr muss es für ein sensibles Kind eine schwere seelische Last gewesen sein, mit oder unter diesem unverlässlichen, unerwachsenen Vater aufzuwachsen – eine tückische, unberechenbare, das Lebensgefühl dauernd aus dem Gleichgewicht bringende Last.

Ein englischer Freund von mir, ein früherer Mitarbeiter von Boris Johnson, hat mir einmal in einem Gespräch in einer Londoner Hotelbar einen faszinierenden Einblick in die existenziellen Startbedingungen seines einstigen Chefs gegeben. Ob ich den Roman *A Perfect Spy* («Ein blendender Spion») von John le Carré gelesen hätte? Kenner halten das Buch für das beste Werk dieses Großmeisters des modernen Agententhrillers. Es erzählt die Geschichte des britischen Geheimdienstlers Magnus Pym, den die übermächtige Figur eines egoistischen, hochstapelnden und betrügerisch kriminellen Vaters fürs Leben prägt und beschädigt – eine Traumatisierung, die ihn erst zum Spion und dann zum Doppelagenten und Verräter werden lässt.

Magnus ist unaufhörlich damit beschäftigt, es Pym senior recht zu machen. Er muss von Kindesbeinen an mitspielen, als stets verfügbares Maskottchen, wenn der Vater in seinen auf Pump und Lüge gebauten Glanzzeiten mit Jockeys und Schauspielerinnen Hof hält, mit falscher Seriosität über ein Imperium von Scheinfirmen präsidiert oder sich für die Liberale Partei mit moraltriefenden Reden um ein Parlamentsmandat bewirbt.

Dann wieder muss Magnus dem Vater in seinen Abstürzen zu Hilfe kommen, wenn die ungedeckten Schecks auffliegen und den eben noch stolzen väterlichen Residenzen («Reichskanzleien» nennt Pym die Räumlichkeiten spöttisch) wegen offener Elektrizitätsrechnungen der Strom abgeschaltet wird.

Sich anzupassen, Erwartungen zu erfüllen, immer die ihm zugedachte Rolle zu spielen, nicht nein sagen zu können, die Wahrheit zu verschweigen, zu verstecken, zu bemänteln, obwohl er sie kennt – das wird für Magnus Pym zur zweiten Natur. Besser: zur ersten, zur einzigen Natur, hinter der seine wahre Person verschwindet oder sich gar nicht erst entwickeln kann. Ichschwach und im tieferen Sinne vaterlos wird er zur leichten Beute für die Rekrutierung durch den britischen Auslandsgeheimdienst *MI 6*, aber genauso für einen tschechischen Agentenführer, der sich mit dem Versprechen brüderlicher Nähe in den Hohlraum von Pyms Seele einnisten und ihn zum Verrat bringen kann. Magnus' Geschichte ist eine Tragödie des Geliebtwerdenwollens, und ihr trauriger Held ist nur umso ärmer dran, weil er allen tatsächlich gefällt, jeden für sich zu gewinnen vermag und Erfolg um Erfolg einheimst, während seine innere Leere dazu in quälendem Kontrast steht. Nicht dass er nicht geliebt würde macht Magnus Pyms wirklich heilloses Schicksal aus, sondern dass er selbst nicht lieben kann.

Natürlich wollte mein Freund mit seinem literarischen Vergleich nicht sagen, dass Boris Johnson ein Spion oder Landesverräter sei oder dass sein Persönlichkeitsbild sich exakt mit dem von John le Carrés unglücklicher Romanfigur decken würde. Auch ist Stanley Johnson selbstverständlich kein Krimineller wie der Schwindler Pym senior in der tragischen Agentengeschichte.

Gemeint war, dass im Schatten von Boris' Vater Authentizität schwer, wenn nicht unmöglich gewesen sein muss. Dass der Sohn kaum anders als zu einem Versteck- und Rollenspieler werden konnte, zu einem Virtuosen von Selbstschutztechniken. Dazu mag das permanente beifallshungrige Auftreten vor Publikum genauso gehören wie die Flucht in Unernst und Ironie oder die prinzipielle Weigerung, über das eigene Innere zu sprechen. Seine Kindheit hat Boris Johnson die Chance eines berückenden Facettenreichtums mitgegeben, aber auch die Gefahr von Identitätsverlust und Unpersönlichkeit.

Es passt zu dieser fragilen Daseinsverfassung, dass er der Welt gewissermaßen unter falschem Namen bekannt ist: «Boris» heißt Boris Johnson nur für die Menschheit außerhalb seines engsten Kreises. Seine Familie nennt ihn «Al», nach seinem ersten Vornamen Alexander. Womöglich ließ sich «Boris» gerade deshalb so überzeugend zu einer Marke, einem populären öffentlichen Besitztum entwickeln, weil dieser Name für das Eigentliche, Wesentliche gar nicht steht. Weil er ein Vakuum bezeichnet, das sich mit gewollter und gewählter Bedeutung füllen ließ. Eine bloße Rolle im Personenkatalog eines Theaterstücks, das erst zu schreiben war. «Boris» ist ein Kunstprodukt.

Klar ist jedenfalls, dass der vermeintliche Clown Boris Johnson keine unkompliziert vitale Frohnatur ist, sondern vor einem Hintergrund von Verletzlichkeit agiert. «Warum habt ihr uns in die Welt gesetzt?», hat er, auch im Namen seiner drei Geschwister, seinen Vater gefragt, als Stanley den Kindern die Nachricht von der Trennung von Charlotte Johnson überbrachte. «Der grauenhafte Schmerz der Scheidung», schreibt Andrew Gimson in seiner Johnson-Biographie, «ermutigte Boris, eine

Maske zu schaffen, die seine Gefühle vor der Außenwelt verbarg. Viele Jahre später vertraute er einer Frau, die er liebte, an, dass er nach der Trennung seiner Eltern die Entscheidung traf, sich unverletzlich zu machen.»

Und unverletzlich wird man nur allein. Bei aller lärmenden Popularität, die er als öffentliche Figur gewinnen sollte, ist Johnson auch im Erwachsenenalter ein Einzelgänger geblieben; es geht ihm alles Kumpelhafte ab. Schon seinen Journalistenkollegen in den 1980er und 1990er Jahren fiel auf, dass Boris nicht der Typ für das Feierabendbier war. Er hatte immer irgendetwas vor, musste weg, ward schnell nicht mehr gesehen. Er hält eine unüberwindliche Distanz, und in seiner politischen Karriere ist er gerade durch diese Distanz gut angekommen: beim Fernsehpublikum, der Parteibasis, der Wählerschaft. Dagegen war er bei seinen unmittelbaren Kollegen, den anderen konservativen Abgeordneten in der Unterhausfraktion, viel weniger beliebt. Dort galt er als arrogant und berührungsscheu, da störte es, dass er für Vertraulichkeit und Seilschaften nicht geschaffen war. Zugänglich, volkstümlich, nah wirkt Boris Johnson – aus der Ferne.

In seinen Schul- und Studienjahren, erst im berühmten Internatsgymnasium Eton College (1977 bis 1982), dann auf der ebenso berühmten Universität Oxford (1983 bis 1987), wird seine Verpanzerung und Maskierung, die Selbstverwandlung in eine Art bühnentaugliche Figur, schon deutlich erkennbar. Eton ist die Pflanzstätte der britischen Führungsschicht schlechthin, der Inbegriff der traditionsreichen und teuren Privatschule, die auf Englisch verwirrenderweise *public school* heißt. Das College, das 1440 gegründet wurde, steht in Sichtweite von Windsor Castle, dem Lieblingsschloss von Königin Elizabeth II., auf der anderen Seite der Themse. Zwanzig britische Premierminister sind in Eton erzogen worden. Die (rein männliche) Schülerschaft, in die Boris Johnson aufgenommen wurde, unterteilte sich in eine kleine Gruppe von Vollstipendiaten, die nach anspruchsvollen Prüfungen ausgewählte intellektuelle Crème de la Crème der *King's Scholars* – und die weniger distinguierte Schar der *Oppidans*, der Mehrheit der Normalzöglinge, deren Eltern höhere Gebühren zahlen mussten und unter denen daher die Kinder reicher Leute, von den grundbesitzenden Klassen bis zum neueren Geldadel, stärker vertreten waren. Boris gehörte zu den kopflastigen *King's Scholars* (was keineswegs hieß, wie Stanley Johnson gelegentlich betonte, dass die Familie sich nicht auch ein ernsthaftes Schulgeld hätte leisten können).

Mit seiner Zeit in Eton beginnt der Strom der Johnson-Geschichten, der markanten Begebenheiten und zitierbaren Aussprüche, der seitdem nie wieder versiegt ist und die Materialquelle für den populären Charakter «Boris» bildet. Bereits die Berichte, die sein Lehrer Martin Hammond in Eton über ihn geschrieben hat, in seinen regelmäßigen Briefen an den Vater Stanley Johnson, lesen sich wie Skizzen zu einer literarischen Gestalt, dem Phantasieprodukt eines Erzählers.

Es handelt sich um einen erfreulichen, gewinnenden Charakter – dank welchem Kraftakt auch immer gibt Boris Johnson in Eton bereits die positive, optimistische Figur ab, mit der er später sein ganzes Land unterhalten sollte. Hammond nennt ihn *a real life-enhancer*, einen Lebensvermehrer und Lebensverbesserer – bis heute in den Ohren des Zöglings wahrscheinlich das begehrteste Kompliment überhaupt. Sein Schüler, stellt der Lehrer fest, sei hoch begabt, doch lasse er es an Fleiß, Eifer und Organisation fehlen. Er habe, so Hammond in einem weiteren

Bericht, «seine Finger in einer breiten Vielfalt von Pasteten» – eine Formulierung, die offenbar sowohl einen löblichen Reichtum an Interessen als auch einen beklagenswerten Mangel an Fokussierung ausdrücken soll. Den sinnlichen Aspekt, der in der kulinarischen und erotischen Naschhaftigkeit des erwachsenen Johnson hervortreten sollte, kann man in dem Pastetenbild auch schon erahnen.

«Boris' bevorzugte Gangart», bemerkt der Lehrer wieder etwas später, «ist das Schlendern (mit gelegentlichem Sprint in letzter Minute), was bisher gut genug war und, so vermute ich, ihm Gelegenheit gibt, entlang des Weges an den Blumen zu schnuppern. Es ist nun aber die Zeit gekommen, da Boris mit größerer Hingabe an das echte Geschäft der Gelehrsamkeit ein wirklich ausgezeichneter Altertumskundler werden könnte, einer der besten, die wir seit Jahren hatten.» Boris besitzt Talent und Neigung für Griechisch und Latein, die Königsdisziplinen der klassischen englischen Elitebildung, aber er müsse die ganze Veranstaltung «Schule» ernster nehmen.

Dieser Wunsch des Pädagogen nach stärkerer Arbeitsdisziplin des Zöglings erfüllt sich nicht. Der junge Johnson ist zwar keineswegs ohne Ehrgeiz, im Gegenteil: sein Temperament macht ihn geradezu furchterregend kompetitiv. «Auf dem Rugby-Feld», so Hammond später, «war Boris ein absoluter Berserker. Es gab eine Menge Geschrei und Sich-ins-Getümmel-Stürzen, ohne Rücksicht auf Leib und Leben, bei ihm selbst wie bei anderen.» Ein Mitschüler erinnerte sich an die Rücksichtslosigkeit, mit der Boris das «Mauerspiel» praktizierte, einen in Eton traditionellen Mannschaftssport, den hier zu erklären zu langwierig wäre, der aber jedenfalls unter erheblichem Körpereinsatz vor sich geht. «Ich wurde von jemandem gebissen», so die Reminiszenz des Schulkameraden, «und es kann sehr wohl Boris gewesen sein.» Als Johnson von seinem Biographen Gimson mit diesem Verdacht konfrontiert wurde, gab er zwar erst zu: «Mag ich gemacht haben.» Wollte dann aber doch nichts davon wissen: «Nein, nein, ich war kein Beißer. Meine Taktik beim Mauerspiel sind plötzliche Ausbrüche von unkontrollierter Aggression.»

Doch trotz seines brennenden Ehrgeizes enttäuscht Boris weiterhin in puncto verlässlicher Anstrengung. Er scheint für sich instinktiv, aus einem tiefen Anspruchsgefühl heraus, eine Sonderrolle zu beanspruchen. «Ich denke», so Schulmeister Hammond in einem weiteren Bericht an Stanley Johnson über seinen Sohn, «dass er es aufrichtig für kleinlich von uns hält, dass wir ihn nicht als Ausnahme betrachten, als jemanden, der vom Netz der Verpflichtungen frei ist, das jedermann sonst bindet.» Statt die üblichen Erwartungen zu akzeptieren und ihnen zu genügen, tut Boris etwas ganz anderes. Er entdeckt ein alternatives Erfolgsrezept: Er macht das Improvisieren, Pfuschen und Versagen selbst zum Prinzip, er entwickelt daraus sein persönliches Geschäftsmodell. Bei Schultheateraufführungen erzeugt er einen beträchtlichen Teil des komischen Effekts damit, im Text steckenzubleiben und den Souffleur in Anspruch zu nehmen. Nicht dass er bei Tragödien ernsthafter um Perfektion bemüht wäre: Während einer Präsentation von Szenen aus Shakespeares Trauerspiel *Richard III.*, mit Johnson in der Rolle des verbrecherischen Königs, klebt er Zettel mit seinen Sprechpassagen hinter die Säulen des Hofes, in dem das Theater-Event stattfindet, und hastet von Pfosten zu Pfosten, um seinen Part abzulesen.

Wir müssen an dieser Stelle ein kleines Stück englischer Kulturgeschichte einschieben, für das es in Deutschland keine Entsprechung gibt. Es ist wichtig, um zu begreifen, warum die Aura der nie überwundenen, nie endenden Pubertät, die Boris Johnson umweht, in Großbritannien verstanden und verziehen wird, warum sie sogar eine Sympathiebrücke in die Kollektivseele des Vereinigten Königreichs baut – und so einer öffentlichen Karriere nicht etwa entgegensteht, sondern sie eher noch befördert. Der ewige Junge ist eine zutiefst englische Figur. Der Journalist Simon Kuper, der für die Londoner *Financial Times* schreibt, hat einmal bemerkt, dass viele britische Politiker der Gegenwart geradewegs aus den Seiten eines Internatsromans entsprungen zu sein scheinen. Das Genre hat eine lange Reihe unsterblicher komischer Gestalten geschaffen, eine imponierende Galerie von Faulpelzen, Aufschneidern und anderen Tunichtguten, deren Abenteuer von ihren Lehrern mit strenger Missbilligung, von ihren Lesern jedoch mit unerschöpflicher Liebe und Anhänglichkeit verfolgt werden. Sie gehören zum großen zivilisatorischen Erbe Englands wie William Shakespeare, das Gurkensandwich oder der Geheimagent 007 James Bond.

Da ist etwa Nigel Molesworth, bitterer Gegner der Erwachsenenwelt und der englischen Rechtschreibung, der Held des Romans *Down with Skool* (1953) von Geoffrey Willans und dem Illustrator Ronald Searle. Da ist William Brown aus *Just William* (1922) von Richmal Crompton – kein Internatszögling, aber ebenfalls ein Klassiker des britischen Knabenunfugs. Und da ist die wahrscheinlich erfolgreichste Schülerfigur: Billy Bunter, der dicke, gefräßige, geistesträge, verschlafene, aber unverwüstliche Hauptdarsteller der Geschichten, die Charles Hamilton über die imaginäre *Greyfriars School* verfasst hat. Bunter, der sein literarisches Dasein bereits 1908 in den Stories eines Jungenmagazins begonnen hatte und nach dem Zweiten Weltkrieg zum Zentrum einer eigenen Romanserie wurde, erlangte eine so enorme Berühmtheit, dass George Orwell ihn als «eine der bekanntesten Gestalten der englischen Fiktion» identifizierte, auf einer Stufe mit Tarzan oder Sherlock Holmes: «Seine zu eng spannenden Hosen, die ständig von Stiefeltritten oder Stockschlägen getroffen werden, seine Gewitztheit auf der Suche nach Essen, seine postalische Bestellung, die nie auftaucht – das alles hat ihn berühmt gemacht, wo immer der Union Jack weht.» Was Ende der 1930er Jahre, als Orwell diese Betrachtung anstellte, noch hieß: im ganzen britischen Empire, von der Karibik über Ostafrika und Indien bis nach Malaya und Singapur.

Boris Johnson war alles andere als ein Schulversager. Er ist auch, wie wir schon angedeutet haben, nie wirklich ein Rebell gewesen: Er hat die Regeln des Erziehungssystems, des Lebens und der Welt zwar gern gebogen, gebrochen, unterlaufen oder ignoriert, aber nie prinzipiell in Frage gestellt. Trotzdem ist Johnson im Laufe seiner an Skandalen und selbstverschuldeten Rückschlägen reichen Laufbahn immer wieder mit Lausbubengestalten wie Molesworth, Brown oder Bunter verglichen worden. Über weite Strecken lässt sich seine Biographie als Abfolge von Streichen und Bestrafungen erzählen. Er hat seinen ersten journalistischen Job, bei der *Times*, wegen eines erfundenen Zitats verloren, und 2004 wurde er als kulturpolitischer Sprecher der Konservativen gefeuert, weil er über eine außereheliche Affäre gelogen hatte. Er redet über solche Episoden manchmal wie ein schuldbewusstes, manchmal wie ein verstocktes, uneinsichtiges Kind; in beiden Fällen zieht er sich in einen stereotypen Jungenkosmos zurück.

Als Zeuge und Zeitgenosse kann man sich dann über Johnsons unreifes, unverantwortliches Handeln empören – oder man kann darüber lachen, es «typisch Boris» finden, es wie Folklore behandeln: eben wie eine Szene aus einem Internatsroman. Mit der ur-englischen Tradition des Schultaugenichts stand und steht ein literarisches Muster bereit, das Johnsons Eskapaden gewissermaßen in Anführungszeichen zu setzen erlaubt, das es möglich macht, sie einzuordnen und zu entschuldigen. Oder ist es umgekehrt so, dass Johnson sich selbst und sein Leben bereits mit einem Seitenblick auf solche kulturellen Muster erfindet und stilisiert? Durch seine Identifikation mit dem gymnasialen Bummelantentum ist es ihm jedenfalls gelungen, sich mit einem englischen Archetypus, einer Tiefenformation der nationalen Psyche und Phantasie zu verbinden – für eine politische Laufbahn eine unschätzbare Ressource. Die nächste Parallele, die wir in Deutschland für diesen Komplex Schule / Streiche / ewige Jungenschaft haben, mag Heinz Rühmann in der «Feuerzangenbowle» sein. Aber wie weit weg, blass und onkelhaft wirkt das – undenkbar, es für aktuelle Imagebildung und Karriereplanung zu mobilisieren. In Großbritannien dagegen scheint das zumindest in Johnsons Generation immer noch möglich zu sein. Allerdings: Es ist ein klares Gender-Limit, das diese prononcierte Jungenhaftigkeit der Boris-Figur auferlegt. Kein Wunder, dass seine politische (im Unterschied zur persönlichen) Attraktivität bis heute auf Männer stärker wirkt als auf Frauen.

Schon bei Eton-Anekdoten wie den Geschichten über vergessene Theatertexte ist schwer zu entscheiden, ob Johnsons Fehlleistungen echte Verlegenheiten sind – oder ob es sich um bewusst kalkulierte Attitüden und Manierismen handelt. Wirkliche und gespielte Pleiten, Naturell und Inszenierung verschwimmen; sie lassen sich von außen (vielleicht auch von innen) nicht mehr unterscheiden. Auf Dauer jedenfalls, über die Jahrzehnte von Boris Johnsons Leben und Karriere, sind die Missgeschicke ohne Zweifel ein sorgfältig gepflegter Habitus geworden. Mit ihrer Hilfe baut der vermeintliche oder reale Stümper eine einzigartige Verbindung zu seinem Publikum und darüber hinaus zur Öffentlichkeit überhaupt auf. Sein Kollege (und zeitweiliger Konkurrent) Michael Gove, der Johnson seit ihren gemeinsamen Studententagen kennt und heute unter ihm im britischen Kabinett als Minister dient, hat einmal bemerkt: «Boris besitzt die Fähigkeit, in einem Satz scheinbar den Faden zu verlieren, wie ein Kind beim Krippenspiel. Dann will man, dass er die Sache hinkriegt, und wenn er es tut, hat man teil an seinem Triumph.» Die Fehlbarkeit erweist sich als unfehlbares Mittel, um Sympathie zu wecken und ein Gefühl von Gemeinschaft herzustellen. Sie löst zugleich das Problem, dass ein Politiker wie Johnson, mit seinem vergleichsweise privilegierten Familien- und Bildungshintergrund, in einer modernen Massendemokratie automatisch abgehoben von der Wählermehrheit wirkt. Seine Tapsigkeit löscht diesen abschreckenden Klassenunterschied rhetorisch und symbolisch aus und macht «Boris» zu einem von uns.

So ist Johnson eine einmalige Politikergestalt geworden, die nicht mit ihren Stärken für sich wirbt, sondern mit ihren Schwächen. Der BBC-Moderator Jeremy Vine hat geschildert, wie er irgendwann in den frühen 2000er Jahren im Hilton-Hotel an der Park Lane, London, zusammen mit dem damaligen Unterhaus-Abgeordneten und Kolumnisten Boris Johnson bei der Verleihungszeremonie einer Auszeichnung auf dem Gebiet der Finanzdienstleistungen aufzutreten hatte. Johnson, der abends um halb zehn die launige After-Dinner-Speech halten sollte, war spät dran; an den Tischen, unter den anwesenden Bankiers, erhob sich die Frage, ob er überhaupt noch kommen würde oder womöglich irgendwo unterwegs verlorengegangen sei. «Plötzlich – BUMM. Ein Windstoß von einer geöffneten Tür, ein goldener Schopf, ein Wälzen von Körper und Dinnerjacket auf den Stuhl neben mir und die atemlose Frage, um 21.28 Uhr: ‹JEREMY. Wo genau BIN ICH?›» Es folgen quälende Minuten, in denen Johnson seine Ahnungslosigkeit über den Anlass des Beisammenseins offenbart, auf einem Zettel ein paar offenkundig irrelevante Stichworte notiert («SCHAFE», «HAI»), das Blatt dann auf dem Weg zum Podium liegenlässt und sich zu Beginn seiner Ausführungen am Rednerpult nach dem Logo hinter seinem Rücken umdrehen muss, um den Zweck der Veranstaltung, auf der er sich befindet, korrekt identifizieren zu können: «‹Herzlich willkommen zum Internationalen Preis für die, äh, VERBRIEFUNG VON WERTPAPIEREN. JA!›, brüllte er triumphierend, und zu meiner Verblüffung versetzte er den Saal in Begeisterung. Es gab lauten Jubel. Jeder begriff, dass dies keine normale Rede sein würde. Das Chaos war auf uns niedergekommen, wir steckten mittendrin, und wir würden es genießen.»

Johnson spricht dann, stockend und fahrig, ohne erkennbaren Zusammenhang mit dem Thema des Abends, über das Problem der Überregulierung (durch die EU, natürlich), wobei er tatsächlich, im Einklang mit seinem vergessenen Zettel, die Schafe auf dem Landbesitz eines Onkels (die nach ihrem Ableben laut Brüsseler Direktiven nicht mehr einfach vergraben werden dürfen, sondern in einer 50 Kilometer entfernten Abdeckerei abzuliefern sind) ebenso erwähnt wie einen Hai, nämlich das titelgebende Ungeheuer aus Steven Spielbergs Film «Der weiße Hai». Der Held von Johnsons regulierungskritischen Ausführungen ist bei dieser Kino-Reminiszenz die Figur des Bürgermeisters, der den Strand seines Badeortes offenhält, obwohl in den küstennahen Gewässern ein mörderischer Raubfisch auf Opfer lauert. «Ja», so Boris in seiner Hymne auf den skrupellosen Lokalpolitiker, «er WIES diese albernen Regulierungen zu Gesundheit und Sicherheit ZURÜCK, er SCHWOR IHNEN AB, er SETZTE SIE AUSSER KRAFT und erklärte, dass die Leute SCHWIMMEN sollten. SCHWIMMEN!» Noch mehr Freudentumult unter den Zuhörern. «Nun, ich gebe zu», fährt Johnson fort, «dass im Ergebnis ein paar kleine Kinder von einem Hai gefressen wurden. Aber wie viel mehr Freude hat die MEHRHEIT an diesen Stränden gehabt, dank der Kühnheit des Bürgermeisters im ‹Weißen Hai›?» Der ganze Saal johlt. Dass Johnson wilden Stuss erzählt, dass er sich nicht vorbereitet hat und Vorbereitung nicht einmal heuchelt, dass man darin eine rohe Respektlosigkeit sehen könnte – das alles ist vergessen und spielt keine Rolle mehr. Jede erratische Verbaleruption entlockt dem Publikum neue Beifallsstürme; zuletzt feiern die Leute den Redner euphorisch dafür, dass er die Pointe einer (weithin bekannten) Anekdote vergessen hat. «Mir wird klar», fasst der BBC-Mann Jeremy Vine sein Erlebnis des enthemmten Boris-Festivals zusammen, «dass ich mich in der Gegenwart eines Genies befinde.» Er entnimmt der irrwitzigen Performance sogar eine seriöse, hoffnungsvolle Botschaft: Mitten in einem verlogenen Zeitalter der Imagepflege und Medienmanipulation besitzt eine öffentliche Figur den Mut, sich in ungeschönter, struppiger Originalität zu zeigen. Vine genoss in vollen Zügen das befreiende Gefühl, «dass dies das Gegenteil eines Politikers war, dass wir einen Parlamentarier vor uns hatten, der vollkommen real war».

Allerdings: In Wahrheit war alles ganz anders. Eineinhalb Jahre nach dem denkwürdigen Abend zu Ehren der Verbriefung von Wertpapieren hat Jeremy Vine bei der Preisverleihung irgendeiner anderen Wirtschaftsbranche zu sprechen. Auf seine Frage, ob noch jemand etwas sagen werde, erfährt er: Boris Johnson. Der kommt im letzten Augenblick, ist desorientiert, fertigt einen kaum leserlichen Notizzettel unter anderem mit dem Stichwort «SCHAFE» an, lässt das Blatt auf dem Tisch liegen, dreht sich am Rednerpult um, damit er sich den Anlass des Beisammenseins in Erinnerung rufen kann – und so weiter, und so fort. Alles wiederholt sich exakt so, wie es achtzehn Monate zuvor passiert ist: wieder der Onkel mit der EU-bedingten Abdeckerei, wieder «Der weiße Hai», wieder dieselbe Anekdote zum Schluss – und wieder wird die Pointe «vergessen». Der ganze Auftritt ist bis ins kleinste Detail präpariert und wird präzise exekutiert, eine einzige perfekt einstudierte, wortgenau vorgetragene Theaterszene.

Der Mann, den Vine für einen Antipolitiker gehalten hatte, für eine erfrischende Alternative zu aalglatten Kontrollfreaks wie dem ultimativen Fernsehprofi Tony Blair, war in Wahrheit der virtuoseste Schauspieler von allen. Während andere Perfektion vortäuschten, trieb Johnson die Manipulation so weit, dass er sein Versagen und Scheitern heuchelte. Der BBC-Moderator publizierte sein kleines Boris-Souvenir im Sommer 2019, als Johnson unaufhaltsam auf dem Weg zur Regierungsmacht als neuer britischer Premierminister war. Sein Erlebnis habe, so Vine am Schluss seines Erinnerungsstücks, «die fundamentale Frage aufgeworfen, die Frage, die einen am meisten beschäftigt, wenn man einem Politiker zuhört: Ist dieser Typ echt?» Er spricht die Antwort nicht aus, doch sein starkes Gruselgefühl im Angesicht des Phänomens Boris ist unverkennbar.

Aber wir eilen dem geordneten Fortgang unserer Geschichte voraus. 1983 begann Boris Johnson sein Studium in Oxford. Es ist das Weltzentrum der akademischen Postkartenromantik, eine Universität mit angeschlossenem globalem Tourismusbetrieb, im 19. Jahrhundert vom Dichter Matthew Arnold besungen als «liebliche Stadt mit ihren träumenden Kirchtürmen». Nach dem Zweiten Weltkrieg nostalgisch verewigt in Evelyn Waughs Roman «Wiedersehen in Brideshead», dessen periodische kostüm- und kulissenselige Verfilmungen jeweils massive popkulturelle Oxford-Renaissancen auslösen und nervlich ansonsten gesunde junge Leute mit dem Teddybären von Waughs tragischem Protagonisten Sebastian Flyte herumlaufen lassen. Eine Stätte der Grundlagenforschung und der weltabgewandten humanistischen Gelehrsamkeit – aber auch der Startpunkt rastloser politischer Karrieren im Parlaments- und Regierungsviertel von Westminster und Whitehall oder zu phantastischen Gehältern im Investmentbanking in der Londoner City.

Johnsons Universität war abermals eine englische Elite-Institution, insofern eine logische Fortsetzung seiner in Eton begonnenen Bildungsbiographie. Tatsächlich blieb Boris auch in Oxford weitgehend im Kreis seiner Schulfreunde (einer würde sich in den folgenden Jahren als Gauner erweisen und den inzwischen politisch ins Licht der Öffentlichkeit getretenen Johnson in erhebliche Schwierigkeiten bringen). Er trat dem exklusiven *Bullingdon Club* bei, der für seine exzessiven Sauf- und Geschirrbruchorgien berüchtigt war. «Eine wahrhaft beschämende Episode von beinahe übermenschlicher studentischer Arroganz, Feinpinkeligkeit und Idiotie», blickte er 2013 auf seine *Bullingdon*-Mitgliedschaft zurück. «Aber damals hatte man das Gefühl, es war wunderbar, durch die Gegend zu ziehen und seine Großartigkeit raushängen zu lassen. War es so wunderbar? Hauptsächlich entsinne ich mich, dass die Abendgelage unglaublich alkoholisiert waren. Die vorherrschende Erinnerung ist die von tiefem, tiefem Selbstmitleid.» Interessanterweise berichten Kommilitonen, dass Johnson selbst sich beim Trinken eher zurückhielt. Die rohe Rich-Kids-Gruppengaudi war im Grunde nicht sein Ding. Auch da kam letztlich wieder der Einzelgänger zum Vorschein, der Junge, der dabei war, aber nicht dazugehörte.

In Oxford entwickelte und verfeinerte Boris zwei Interessen, die sein Dasein und Denken dauerhaft prägen sollten: die Politik und die Liebe zum klassischen, vor allem griechischen Altertum. Die Antike ist für Johnson viel mehr als einfach nur ein Bildungsgegenstand, sie bietet in mehr als einer Hinsicht den Schlüssel zu seiner ganzen Weltanschauung und Lebensphilosophie. Wir werden uns im übernächsten Kapitel genauer damit beschäftigen. Für den Augenblick muss lediglich notiert werden, dass Boris' echte Neigung zu den hellenischen Dichtern und Philosophen ihn nicht davon abhielt, im Studium eine ähnlich hochmütige begabte Schlamperei an den Tag zu legen, wie sein Lehrer Martin Hammond sie ihm schon in Eton übelgenommen hatte.

Einmal, berichtet Andrew Gimson in seiner Johnson-Biographie, soll Boris, statt die ihm als Aufgabe zugewiesene Klassikerpassage selbst ins Englische zu übertragen, einfach eine weitverbreitete gedruckte Übersetzung Wort für Wort abgeschrieben haben. Der Dozent zeigte sich beleidigt, nicht bloß wegen des Betrugsversuchs, sondern weil die Täuschung so dreist und offensichtlich war – hielt Johnson ihn etwa für einen Idioten? Boris entschuldigte sich: Es tue ihm schrecklich, schrecklich leid; er sei so beschäftigt gewesen, dass ihm einfach die Zeit gefehlt habe, die nötigen Fehler einzubauen. Dass Johnson sein Examen zum Abschluss des Studiums mit einem guten Ergebnis, aber nicht mit Auszeichnung gemacht hat, kann unter diesen Umständen kaum verwundern – es scheint ihn aber trotzdem enttäuscht und getroffen zu haben.

Mit der Politik in Oxford wiederum hatte es keine so einfache Bewandtnis, wie man beim Schlagwort «Elite-Universität» und dem Gedanken an lauter Studenten mit teurem Privatschulhintergrund meinen könnte. Mitte der 1980er Jahre regierte im Vereinigten Königreich zwar die konservative Premierministerin Margaret Thatcher, die Drachentöterin des Sozialismus und Hohepriesterin der kapitalistischen Marktwirtschaft. In Oxford jedoch, wo sie selbst studiert hatte, war sie keineswegs allgemein beliebt. Die Universität versagte ihr 1985 in einem spektakulär demütigenden Votum die Ehrendoktorwürde. Und in Balliol, dem College, an dem Boris sich eingeschrieben hatte, galten die politisch aktiven jüngeren Studenten als geradezu linksradikal. Der damalige Rektor erklärte, die Kommunistische Partei repräsentiere unter seinen akademischen Zöglingen den rechten Flügel.

Wenn man ihm glauben darf, war es genau dieses Proletariatsgetue von materiell abgesicherten Bürgersöhnen und -töchtern, das Boris Johnson irritierte und ihm im Gegenzug seine eigenen konservativen Vorlieben bewusst machte. Die 1980er Jahre waren die Zeit, in der Margaret Thatcher in einer langen, brutalen Auseinandersetzung mit den organisierten Bergleuten die Gewerkschaftsmacht in Großbritannien brach. Die linken Studenten in Oxford und anderswo identifizierten sich mit der marxistisch geführten, gegen einen vermeintlichen Ausbeuterkapitalismus kämpfenden Arbeiterklasse – aber diese kostenlose Unterklassensolidarität einer selbst hochgradig privilegierten Bildungselite kam Johnson suspekt und im Grunde obszön vor. «Ich war», erklärte er 2003 in einem Interview, «abgestoßen von der Art und Weise, wie Kinder aus der Mittelschicht als Unterstützer von Arthur Scargill», dem Chef der *National Union of Mineworkers*, «herumliefen, während es vollkommen offensichtlich war, dass er die armen Bergleute ins völlige Verderben führte und ihnen nicht den geringsten verdammten Gefallen tat.» Die typischen, halb idealistischen oder sentimentalen, halb von Schuldgefühlen getriebenen linken Neigungen des normalen europäischen Intellektuellen scheint Boris Johnson nie verspürt zu haben.

Wofür dieser Student sich damals hingegen bereits brennend interessierte, war die machtmäßige, die machiavellistische Seite der Politik. Im November 1985 schaffte Johnson mit einer trickreichen Kampagne die Wahl zum Präsidenten der *Oxford Union* – des weltberühmten studentischen Debattierclubs, der Gäste wie US-Präsident Richard Nixon oder den schwarzen Bürgerrechtler Malcolm X als Redner an die Universität gebracht hatte und dessen Ämter als Startplätze für künftige Unterhaus- und Kabinettskarrieren galten. Boris, der 1984 mit seiner Kandidatur für den Vorsitz noch gescheitert war, legte bei seiner erfolgreichen Bewerbung im Jahr darauf ein solches Maß an chamäleonhafter Popularitätshascherei an den Tag, dass viele

Kommilitonen ihn für einen Unterstützer der damals beliebten neugegründeten sozialdemokratischen Partei SDP hielten und über seine Zugehörigkeit zu den Tories im Dunkeln blieben. Boris, schreibt seine Biographin Sonia Purnell, entwickelte «eine politisch androgyne Persönlichkeit, die scheinbar für jeden etwas im Angebot hatte». Der amerikanische Kommilitone Frank Luntz, der bei der Planung von Johnsons Wahlkampf mithalf und später in den Vereinigten Staaten eine große Rolle in der politischen Demoskopie spielen sollte, fand diese opportunistische, schummelnde Kampagnenstrategie bedenklich; man sieht sich schließlich auch in der Politik, zwischen Kandidaten und Wählern, in der Regel zweimal. Boris hingegen hatte damit offenbar kein Problem; er segelte auf den Flügeln seiner scheinbaren Fortschrittlichkeit zum Sieg – und erklärte sich gleich hinterher ungeniert wieder zum Konservativen.

Was Johnson schon früh vom Typus des üblichen Machtpolitikers unterschied, war die provozierende Offenheit, mit der er sich zu seinem ungebremsten Ehrgeiz und seiner unbedenklichen Mittelwahl bekannte. Normalerweise gehört zum Machiavellismus als Kehrseite ein verlogenes Moralgerede, das die Skrupellosigkeit des Machiavellisten verschleiern soll. Vollkommen anders bei Boris: Er gibt damit an, wie dreist er auf Stimmenfang geht. Wenige Jahre nach seiner Unionspräsidentschaft veröffentlichte er (in einem Sammelband, den seine Schwester Rachel 1988 über den «Mythos Oxford» herausbrachte) einen Essay zum Thema Studentenpolitik, in dem er alle schmutzigen Geschäftsgeheimnisse lustvoll hinausposaunte. Etwa, dass ein Kandidat Kommilitonen für sich einspannen muss, indem er ihnen Unterstützung bei ihren eigenen künftigen Wahlbewerbungen in Aussicht stellt – während er in

Wahrheit nichts dergleichen zu tun gedenkt. Hoch veranschlagt Johnson auch die Nützlichkeit von «einsamen Mädchen aus den Frauen-Colleges, sehr oft Naturwissenschaftlerinnen», die nach intensiver Umschmeichelung zu fleißigen Aktivistinnen werden: «In wenigen Wochen sind sie ersichtlich auf dem Weg, wiedererkennbare Figuren aus dem englischen politischen Leben zu werden. Mit ihrer frischen Gesichtsfarbe und ihren geblümten Kleidern sind sie die Prototypen engagierter lokaler Mitglieder der Konservativen Partei. Energisch, streng, zur Korpulenz neigend, aber ihre weitgehend männlichen Kandidaten mit einer fleischigen Entschiedenheit unterstützend», werden sie für einen Amtsbewerber unentbehrliche Instrumente seiner Kampagne. Mit aasiger Hellsicht (oder was er in seiner maskulinen Selbstgewissheit dafür hält) diagnostiziert Boris die besondere Motivation solcher Studentinnen für ihren Einsatz: «Für diese jungen Frauen, in ihrer strukturierten Welt von Molekülen und Quarks, bietet Parteipolitik menschliche Reibung und Wärme.»

Diese höhnische Kälte, unterlegt mit krassem Chauvinismus, wendet der Autor immerhin auch auf sich selbst und seinesgleichen an. In parodistischer Schonungslosigkeit beschreibt er, in was für ein mentales und soziales Wrack sich der Kandidat für eine mittelwichtige Position in der *Oxford Union* mit dem Herannahen des Tages der Entscheidung verwandelt: «Jeden Morgen wachst du mit dem Schock auf, dass du noch immer ein Gefangener deines Ehrgeizes bist. Jeder Blick wird bedeutungsvoll, jede Zurückweisung eine Folter. Du bist niedergeschlagen, wenn in der Schlange vor dem Mittagessen im College-Saal niemand mit dir zu sprechen scheint, und du liest dein Schicksal düster in den Innereien deiner Cumberland-Wurst» – einer angeblich seit 500 Jahren gemetzgerten, schneckenförmig gerollten, besonders saftigen englischen Fleischspezialität. Auf dem Weg zur Verkündung des Auszählungsergebnisses leidet der Bewerber in seiner Angst vor einer demütigenden Niederlage die unwürdigsten Qualen: «Dein Puls rast, wenn du namenlose Gruppen von Feiernden in den breiten, nebligen Straßen passierst. Ist es deine Einbildung, oder gehen sie schweigend und mit abgewandten Augen an dir vorbei, wie peinlich berührt in der Gegenwart eines Menschen, der einen Trauerfall zu beklagen hat?»

Zum Schluss malt der Artikel aus, wie der Kandidat seinen persönlichen Wahlkampf zwar tatsächlich verloren hat, aber Hoffnung daraus schöpft, dass sein politischer Patron, ein älterer Student, dem er seine Loyalität verschrieben hat, Präsident der *Union* geworden ist: Der Sieger «steigt oben auf die Bar, immer noch in seinem netten Pulli mit Krawatte, um eine kurze Dankrede zu halten. Dann, als er auf dem Weg zu seiner Siegesparty mit Champagner im Obergeschoss an dir vorbeigeht, streckst du deine Hand aus und kämpfst den Kloß in deinem Hals für ein persönliches Wort des Glückwunschs nieder. Einen Augenblick lang trifft sein Blick den deinen mit leerem Ausdruck, dann gleitet er aus dem Raum, getragen von einer Flutwelle kriecherischer Höflinge.»

Der Essay des Mittzwanzigers ist ein Schlüsseltext zu Boris Johnson als politischer Figur. Das Grundmuster ist ein Zynismus, der sich durch seine Offenkundigkeit und Übertriebenheit selbst entschärft und dementiert. Wer seine eigene Skrupellosigkeit so demonstrativ herausstellt, denkt der Leser automatisch, kann das unmöglich ernst meinen und wird gerade deshalb kein schlechter Kerl sein. Die instinktive Einordnung solcher Bekenntnisse als ironisch hebt ihren diskreditierenden Inhalt auf und schafft im Gegenteil ein positives Vorurteil zugunsten des Selbstanklägers. Gleichzeitig, Ironie hin oder her, profitiert der Bekenner jedoch trotzdem vom schockierenden Wortlaut seiner Aussagen, sie immunisieren ihn moralisch: Im Falle von Fehltritten oder Übeltaten kann man sich schwer über ihn empören, er hat seine Schuftigkeit schließlich nie verheimlicht und sich nicht als Sittlichkeitsapostel aufgespielt.

Die Sündentransparenz macht Johnson, wie er sich hier präsentiert, originell und unterhaltsam. Sie ist nicht ohne Kosten: Sie hat ihm, im Grunde auf Lebzeiten, den idealistischen Appell verbaut, die Berufung auf hohe Werte und edle Gesinnungen, die in der Politik so starke Mobilisierungskraft besitzen. Wer solche Erfahrungen mit sich selbst gemacht und sie der Öffentlichkeit mitgeteilt hat, kann nicht mehr die Fahne des Wahren, Schönen und Guten hissen und um dieses Banner seine Getreuen sammeln. Aber das kalte, unschmeichelhafte Selbstporträt erfüllt zugleich einen pragmatischen Zweck, der den Nachteil des Idealismusverzichts womöglich mehr als ausgleicht: Es schirmt Johnson gegen einen der machtvollsten, gefährlichsten Vorwürfe im öffentlichen Leben ab, gegen die Anklage der Heuchelei. Wie bei der Konstruktion der quasi-romanhaften «Boris»-Gestalt als Konsequenz einer unsicheren, erschütterten Kindheit, wie bei der Entdeckung der kalkulierten Scheintölpelei als verlässlicher Sympathiequelle zeigt sich auch in der Ichdarstellung als illusionsloser Politfiesling wieder Johnsons typisches Streben nach Unverwundbarkeit.

«Ich denke», bemerkte Boris fünfzehn Jahre später, als er bereits Abgeordneter im britischen Unterhaus war, «dass mein Essay der *locus classicus* [das Musterbeispiel] für das englische

Genre der schwindelhaften Selbstherabsetzung bleibt.» Das stimmt. Und gerade darin enthielt der Text schon die entscheidende Formel, auf der Boris Johnsons spätere politische Persönlichkeit und Karriere beruhen sollten.

KAPITEL 2

DIE GESCHICHTE MIT EUROPA

An einem nasskalten Novembertag im Jahr 2019 war ich mit dem konservativen Unterhausabgeordneten Lee Rowley im Wahlkampf unterwegs. Nach monatelangen Querelen im Parlament in London hatte Premierminister Boris Johnson Neuwahlen durchgesetzt, um endlich im Unterhaus eine klare Mehrheit für seinen Brexit-Plan zu bekommen – für seine Vorstellung davon, wie das Referendum nun konkret umgesetzt werden sollte, in dem eine Mehrheit der Briten im Juni 2016 für das Ausscheiden ihres Landes aus der Europäischen Union votiert hatte. Johnson war nach schwierigen Verhandlungen mit der EU über den genauen Ablauf des Austritts einig geworden, und für diesen Deal suchte er jetzt ein neues Regierungsmandat. *Get Brexit Done!*, «Lasst uns den Brexit hinter uns bringen!», war der die Kampagne beherrschende Slogan der Tories, der Konservativen Partei. Am 12. Dezember sollten die Bürger abstimmen, was für die Kandidaten und ihre freiwilligen Helfer einen ungemütlichen Spätherbstwahlkampf bedeutete, und darum fror ich nun zusammen mit Lee Rowley im ehemaligen Bergbau- und Kohledistrikt Nord-Ost-Derbyshire in Mittelengland, ungefähr 250 Kilometer nördlich von London.

Rowley hatte mich am Nachmittag mit seinem Auto von meinem Hotel in Chesterfield abgeholt, der nächsten größeren Stadt. Er kam allein und fuhr selbst, auf dem Rücksitz oder im Kofferraum lagen Plakate und Werbematerial über seine Arbeit als Abgeordneter. An unserem Ziel, einer halb ländlich, halb vorstädtisch aussehenden Einfamilienhausgegend, wartete eine lokale Tory-Aktivistin auf uns, eine Gemeinderätin, die den Kandidaten mit ein paar Informationen über die Leute versorgte, auf deren Gartenpforten er jetzt zusteuern würde – gestützt auf eine Computer-App, in die Daten über das frühere Wahlverhalten oder bekannte Parteisympathien der Anwohner eingefüttert worden waren. Das war schon alles an Technologie beim *canvassing*, wie die traditionelle Stimmenwerbung an der Basis im britischen Politikjargon genannt wird – dafür, dass die Konservativen die quasi-offizielle Vertretung des großen Geldes im Vereinigten Königreich sind, Empfänger von üppigen Spendenmillionen, wirkte die Sache recht bescheiden und handgemacht.

Ich begleitete Rowley, der den Wahlkreis 2017 zum ersten Mal gewonnen hatte und nun verteidigen musste, beim Läuten an Haustüren und Verteilen von Flugblättern. Es war vor Feierabend, und so trafen wir in der stillen, recht großzügigen Siedlung zumeist Ruheständler an. Sie machten sich wegen der wachsenden Zahl von Einbruchsdiebstählen Sorgen oder schimpften über den Linksradikalismus von Boris Johnsons sozialistischem Gegenkandidaten, dem damaligen Labour-Führer Jeremy Corbyn. Der Brexit schien überraschenderweise kein großes Thema zu sein. Für den EU-Austritt waren zwar alle, die sich Rowley wohlgesinnt zeigten, aber ohne besonderen Eifer oder größeres Diskussionsbedürfnis.

Nur einen einzigen Wähler, den wir an diesem trüben Novembertag aus seiner Wohnung klingelten, bewegte das Thema offenbar intensiver. Nach unseren normalen deutschen und europäischen Ideen, wie ein leidenschaftlicher *Brexiteer* auszusehen hat, hätte man in dieser Rolle vielleicht einen pensionierten Major erwartet, der dem britischen Empire oder wenigstens dem schnurrbärtigen Patriotismus der 1950er Jahre nachtrauert. Oder womöglich einen tätowierten Jungnationalisten, der die Einwanderung polnischer Klempner und tschechischer Kellnerinnen verabscheut. Der Brexit ist aus unserer gewohnten kontinentalen Perspektive ein so befremdliches, abwegiges Projekt, wir können uns einen Austritt aus der EU so wenig vorstellen, dass uns die Anhänger dieses Vorhabens fast automatisch wie Träumer, Fanatiker oder Dummköpfe vorkommen. Benebelt von Illusionen über eine längst vergangene Weltmachtgröße des Vereinigten Königreichs oder verhetzt von der europhoben Propaganda der englischen Rechtspresse.

Bloß dass der Brexitfreund, vor dem wir jetzt standen, rein gar nichts von einem spätimperialistischen Krückstockschwinger oder einem chauvinistischen Hooligan an sich hatte. Er war ein Bürger, wie er im Bilderbuch für das Großbritannien des 21. Jahrhunderts hätte stehen können: jung, Pendler in eine benachbarte Großstadt, hochqualifiziert, ein Ingenieur, der sich mit der Steuerung der Kanalisation und ähnlicher Infrastrukturen durch Künstliche Intelligenz beschäftigte (wenn ich die Sache richtig verstanden habe). Seine Parteinahme für den Brexit hatte nichts mit verletztem Patriotenstolz oder mit Überfremdungsängsten vor osteuropäischen Arbeitsmigranten zu tun. Diesem KI-Experten erschien die EU vielmehr als obsoletes, fossiles Wesen: als schwerfälliges Großunternehmen, fixiert auf Vereinheitlichung und Kontrolle, während nach seiner professionellen Erfahrung in modernen Systemen alles auf Flexibilität, Dezentralisierung, Lernfähigkeit ankam.

In der unberechenbaren Umgebung des 21. Jahrhunderts, so sah er es, würde man schnell reagieren und viel experimentieren müssen; die Fahrt in einer langen supranationalen Kolonne, aus der niemand ausscheren durfte, war da so ziemlich die ungeschickteste Art, sich fortzubewegen. In den Augen des jungen Ingenieurs war das Brüsseler Projekt nicht etwa beunruhigend neumodisch, ein Angriff auf irgendeine liebgewordene altenglische Verhocktheit. Sondern im Gegenteil zutiefst unmodern, ein Anachronismus, die Zukunft von gestern.

Solche aufgeklärten *Brexiteers* gibt es auch, das vergisst man leicht oder kommt gar nicht erst darauf. Lee Rowley, der Unterhausabgeordnete, den ich begleitete, war ebenfalls einer. Er entsprach überhaupt nicht dem Klischeebild eines britischen Konservativen mit seinem Traditionalismus und seinem Klassenhochmut. Er war offen schwul und der Sohn eines Milchmanns. Eine Tante von ihm hatte für die *National Union of Mineworkers* gearbeitet, die sich mit der Tory-Premierministerin Margaret Thatcher einen politischen Kampf auf Leben und Tod geliefert hatte, das große britische Polit-Drama der 1980er Jahre. Als junger Mann begann Rowley an der Linken zu zweifeln und sich für die Konservativen zu interessieren, aber seine ersten Eindrücke waren abschreckend, wie er mir erzählte: «Ich habe versucht, mich den Tories auf der Universität anzuschließen, in Oxford. Ich betrat den Raum, und das Erste, was ich sah, war ein neunzehnjähriger Bursche in einem Tweed-Anzug und mit einem Monokel. Also entschied ich, dass das nichts für mich war.»

Rowley ist kein englischer Elitenschnösel, aber auch kein Populist: Als wir nach unserem Wahlkampfausflug beim Tee zusammensaßen, erklärte er, dass die britischen Konservativen sich um Himmels willen nicht Donald Trump und seine rechtsnationale Demagogie zum Vorbild nehmen dürften. Doch für den Brexit (nach verbreiteter europäischer Einschätzung ein Parallelphänomen des Trumpismus) war Lee Rowley mit voller Überzeugung – und zwar für einen harten Brexit, ohne fortdauernde Anlehnung des Vereinigten Königreichs an die tausendfältigen Standards und Regulierungen der EU. Er hatte die Nachgiebigkeit der vorigen Premierministerin Theresa May in den Verhandlungen mit Brüssel kritisiert und war erleichtert, dass ihr Nachfolger Boris Johnson stattdessen auf einen klaren Bruch mit der EU zusteuerte. Genauso wie sein euroskeptischer Wähler mit KI-Hintergrund erlebte Rowley die Europäische Union mitnichten als Inbegriff eines übermächtigen Fortschritts, von dem er sich plattgemacht oder abgehängt fühlte, sondern als Dinosaurier mit kleinem Gehirn, den er intellektuell und politisch nicht ernstnehmen konnte.

Natürlich wäre es Unsinn zu behaupten, dass alle oder auch nur die allermeisten *Brexiteers* zu dieser rationalen, selbstbewussten, weltläufigen Sorte gehören würden. Die Ewiggestrigen und die Fremdenhasser gibt es sehr wohl, und nicht zu knapp. Wenn man freilich Boris Johnsons Geschichte mit Europa verstehen will, was der jetzt anstehende Schritt unserer kleinen Darlegung ist, dann muss man sich die progressive, intelligente Lee-Rowley-Variante der EU-Kritik bewusst machen und sie ernst nehmen. Sie ist nämlich eng mit Johnsons eigener Haltung und Sicht der Dinge verwandt.

So vergnügt Boris Johnson auch für britische Eigenständigkeit trommelt und eine bilderbuchhafte englische Exzentrik pflegt, so entschieden distanziert er sich zugleich von einem provinziellen Nationalismus. Er attackiert die EU nicht als volksfeindliche vaterlandslose Verschwörung, sondern als einen im Grunde uneuropäischen Versuch, die gloriose, durch Wettbewerb produktive Vielfalt eines historisch beneidenswert reichen Kontinents gleichmacherisch in Reih und Glied zu zwingen und Europa damit um seinen Charme, seine Fruchtbarkeit und seine Leistungsfähigkeit zu bringen. Ein typisches Unterfangen aus dem bürokratischen Geist des 20. Jahrhunderts. Eine obrigkeitliche Versündigung am ureuropäischen Prinzip von Volkssouveränität und Demokratie, die doch eigentlich das politische Lebensprinzip des Kontinents darstellen sollte.

Der Vorwurf der politischen Hinterwäldlerei dagegen empört Johnson geradezu. «Ich bin ein Kind Europas», hat er im Mai 2016 während der Referendumskampagne in einer Rede erklärt. «Ich bin ein liberaler Kosmopolit, und meine Familie ist genetisch eine Friedenstruppe der Vereinten Nationen.» Die Gründlichkeit seiner Selbstverteidigung verriet, dass ihn der Verdacht des Nationalspießertums persönlich verletzte: «Ich kann Romane auf Französisch lesen, und ich kann die ‹Ode an die Freude› auf Deutsch singen, und wenn man nicht aufhört, mich als Klein-Engländer zu bezichtigen, dann werde ich es tun. Sowohl als Chefredakteur des *Spectator* [das konservative Wochenmagazin, das Johnson von 1999 bis 2005 geleitet hat] als auch als Bürgermeister von London bin ich für den Unterricht in modernen europäischen Sprachen an unseren Schulen eingetreten. Ich habe einen großen Teil meines Lebens dem Studium der Ursprünge unserer gemeinsamen europäischen

Kultur und Zivilisation im antiken Griechenland und Rom gewidmet. Ich finde es daher anstoßerregend, beleidigend, abwegig und schlichtweg idiotisch, wenn ich gesagt bekomme – manchmal von Leuten, die kaum auch nur eine Fremdsprache beherrschen –, dass ich einer Gruppe von bornierten Xenophoben angehöre.»

Dann schloss Johnson seinen Auftritt mit einem flammenden Schlussappell, in dem er die übliche Euro-Ideenwelt genau so auf den Kopf stellte, wie der Abgeordnete Lee Rowley und der junge Ingenieur aus Derbyshire es auch taten: nicht die EU stehe für liberalen Fortschritt und der Brexit für Stillstand und Regression, sondern es verhalte sich exakt umgekehrt. «Die Wahrheit ist», donnerte der Redner in einer erheiternden Mischung von Intellekt und Bombast, wie auf einem Philosophenparteitag, «dass der Brexit jetzt das große Projekt des europäischen Liberalismus ist, und ich fürchte, dass die Europäische Union – trotz all der hohen Ideale, mit denen sie begonnen hat – heute das Ancien Régime [die feudalistische Machtordnung vor der Französischen Revolution] repräsentiert. Wir sind es, die für das Volk die Stimme erheben, und sie sind es, die ein obskurantistisches und universalistisches Regierungssystem verteidigen, das sein Verfallsdatum lange hinter sich hat und das sich von den normalen Wählern immer weiter entfernt. Es sind wir im Lager des EU-Ausstiegs – nicht sie –, die in der Tradition der liberalen weltbürgerlichen europäischen Aufklärung stehen, nicht nur von Locke und Wills [einem rauflustigen englischen Vorkämpfer der Meinungsfreiheit im 18. Jahrhundert], sondern auch von Rousseau und Voltaire. Und obwohl sie viele sind, und obwohl sie viel Geld zur Verfügung haben, und obwohl wir wissen, dass sie für ihre Flugblätter auf unbegrenzte Steuermittel zurückgreifen können, sind wir es, wir wenigen, wir fröhlichen wenigen, die den unschätzbaren Vorteil haben, dass wir fest an unsere Sache glauben und dass wir von der Geschichte recht bekommen werden. Wir werden siegen, aus genau demselben Grund, aus dem die Griechen bei Marathon die Perser geschlagen haben: weil sie für eine überholte absolutistische Ideologie kämpften – und wir kämpfen für die Freiheit.»

Das Europa-Thema hat Boris Johnson seit dem Ende der 1980er Jahre beschäftigt, als er in Brüssel Korrespondent für die konservative britische Tageszeitung *Daily Telegraph* wurde. Seine Journalistenzeit in Brüssel bedeutete so etwas wie den zweiten Schritt der Boris-Werdung, nach der jugendlichen Konstruktion seiner charakteristischen Persönlichkeit, die wir im vorigen Kapitel skizziert haben. Was jetzt hinzukam, waren öffentliche Präsenz und politischer Einfluss, der Eintritt in die Sphäre von Ruhm und Macht. In den fünf Jahren als Brüssel-Korrespondent, von 1989 bis 1994, entwickelte sich Boris Johnson zu einem Mann, mit dem britische Minister und europäische Kommissare bei ihren Plänen und Kalkülen zu rechnen hatten. Und er bekam den Gegenstand in die Hand, der ihn schließlich, mehr als zwei Jahrzehnte später, an die Spitze seines Landes bringen sollte.

Boris Johnsons Brüsseler Tagen waren zwei Fehlstarts vorausgegangen. Er hatte nach dem Abschluss des Studiums kurz und erfolglos sein Glück bei einer Londoner Unternehmensberatung versucht – eine Tätigkeit, für die er sich später stolz als komplett ungeeignet erklärte: «Wie sehr ich mich auch anstrengte, ich konnte mir keine Overhead-Projektion einer Wachstums-Profit-Matrix anschauen und bei Bewusstsein bleiben. Nachdem

ich zum vierten Mal ins Koma gesunken und allzu offensichtlich mit einem Aufschrecken wieder erwacht war, konnte einer
meiner Mit-Trainees, ein Ehrgeizling im grauen Anzug, nicht
mehr an sich halten. Er war in meinem Alter und hatte ebenfalls
gerade für das (damals) absurde Gehalt von 18 000 Pfund jähr-
lich angeheuert. Er stupste mich an und sprach in einem Tonfall des Ekels zu mir. ‹Hör zu›, sagte er, ‹wenn du weiter diese
Haltung einnimmst, glaube ich nicht, dass du es weit bringen
wirst.› Ich dachte damals und denke heute, dass er ein aufgebla-
sener Zwerg war, und ich hoffe, dass er ein frühes Opfer des bald
folgenden Personalabbaus in der Beratungsbranche geworden
ist. Aber während meine Ohren brannten, wusste ich, dass er
recht hatte.»

In Oxford hatte Johnson schon ein bisschen Studentenjour-
nalismus probiert. Also flüchtete er sich in ein Engagement bei
der *Times*, wo sich der zweite, gefährlichere Fehlstart ereignete.
Um eine eher unauffällige Story aufzupeppen (es ging um die
Entdeckung eines Palastes aus dem frühen 14. Jahrhundert am
Südufer der Themse), legte Boris einem Historiker ein erfun-
denes oder wenigstens verdrehtes Zitat in den Mund, das den
frisch aufgefundenen Bau zum Schauplatz der homosexuellen
Liebesspiele von König Edward II. mit seinem Favoriten Piers
Gaveston erklärte. Die Behauptung war nachweisbar falsch (der
Palast ging zwar tatsächlich auf Edward II. zurück, aber Gaves-
ton war mehr als zehn Jahre vor seiner Errichtung hingerichtet
worden). Der entsetzte Geschichtsforscher beschwerte sich,
Johnson eierte eine Weile in unhaltbarer Position herum und
wurde schließlich gefeuert.

Die peinliche Episode hätte leicht das Ende seiner Laufbahn
in der Presse bedeuten können. Boris hatte erhebliches Glück,

dass der *Daily Telegraph* ihm nach dieser Vorgeschichte rasch einen neuen Job anbot. Der Miniskandal war die Geburtsstunde eines Musters, das sich fortan durch Johnsons Biographie ziehen und seine Kritiker und Gegner bald zu kochender, an der Gerechtigkeit der Weltordnung verzweifelnder Wut treiben sollte: Boris stürzte regelmäßig in selbstverschuldete Verlegenheiten, die seinen Charakter und seine Urteilskraft gleichermaßen fragwürdig erscheinen ließen – und wand sich jedes Mal wieder irgendwie daraus hervor; wurde unverdientermaßen gerettet, begnadigt oder schnell wieder rehabilitiert; stand auf, wischte sich den Staub vom zerbeulten Sakko und machte mit der kurz unterbrochenen Boris-Nummer einfach weiter.

Johnson ist der Held des Davonkommens, und oft muss er sich nicht einmal wirklich zerknirscht zeigen, um seinen Fehltritt vergessen zu machen. «Ich hatte die *Times* unter wenig ruhmreichen Umständen verlassen» – so die kahle Formulierung, mit der er 2003 in einer autobiographischen Skizze auf die frühe Zitataffäre zurückblickte. Keine Ausdrucksweise, die von einem starken Bedürfnis nach sittlicher Durcharbeitung und ehrlicher Vergangenheitsbewältigung zeugen würde. Boris Johnson ist, wofür uns noch mehr Beispiele begegnen werden, definitiv kein Repräsentant einer seelenumgrabenden protestantischen Schuldkultur.

Johnson schaffte es also, dass der *Daily Telegraph*, das traditionelle Hausblatt der englischen Konservativen, ihn nach seinem Debakel bei der *Times* an Bord nahm, als moralischen und journalistischen Schiffbrüchigen, und ihn wenig später auf die Auslandskorrespondenz in Brüssel schickte. Die Jahre dort wurden für ihn zu einer persönlich einschneidenden Zeit des Umbruchs. Die Ehe scheiterte, die er 1987, erst dreiundzwanzigjährig, mit seiner Studentenliebe Allegra Mostyn-Owen, der gefeiertsten Oxford-Schönheit ihrer Tage, geschlossen hatte. Boris heiratete schnell wieder: die Anwältin Marina Wheeler, die er bereits seit Kindertagen kannte und schon damals hochattraktiv gefunden hatte – ohne damit auf viel Interesse ihrerseits gestoßen zu sein. Jetzt kamen die beiden tatsächlich zusammen, und in zügiger Folge wurden zwei Töchter und zwei Söhne geboren.

Politisch verkörperte das Paar eine Große Koalition, wie sie im offiziellen britischen Parlamentarismus mit seinem Zweiparteiensystem und seinem unüberwindlichen Graben zwischen Labour und Konservativen nie vorkommt: Marina war eine linke Juristin, und ihre Freunde fanden es entsetzlich, dass sie plötzlich in Gesellschaft des ideologischen Gegners auftauchte: «Herein kommt», erinnerte sich später einer aus ihrem Kreis an einen frühen Auftritt der beiden, «unsere liebste, süßeste, zarteste Marina mit einem Tory – es war ein gespenstischer Augenblick». Menschlich dagegen, in ihren Temperamenten, schienen die Partner sich perfekt zu ergänzen. In den Berichten von Besuchern entsteht das Bild einer sympathischen, liebevollen Familie, eines glücklichen Haushalts – das von Boris kraftvoll ausströmende Chaos einigermaßen in Schach gehalten durch Marinas tolerante, überlegene Erwachsenheit.

Trotz seines sorgfältig gepflegten Images des Bummelanten entfaltete Johnson in Brüssel einen geradezu furchterregenden Ehrgeiz, einen publizistischen Wirbelsturm von furioser Getriebenheit. Seine Biographin Sonia Purnell, die zeitweise als seine Stellvertreterin im Europa-Büro des *Telegraph* arbeitete, beschreibt das bizarre Ritual, mit dem Boris sich für seine Artikel in Stimmung brachte: die «Vier-Uhr-Schimpftirade». «Kluger-weise», schreibt sie, «wartete er zunächst, bis Thérèse, die müt-terliche flämische Sekretärin, die ihren jugendlichen Schützling mit ‹Lion d'Or›-Pralinen verwöhnte, nach Hause gegangen war. Nachdem er seine Tür abgeschlossen hatte, steigerte er sich dann in einen Erregungszustand hinein, indem er wiederholt zotige Beleidigungen gegen eine kümmerliche Yucca-Pflanze in der Nähe seines Schreibtischs schleuderte. Tatsächlich hat er noch immer eine Narbe an der Hand, dort, wo die Kraft seiner Emotionen einen Kugelschreiber zerbrach, den er gerade im Griff hielt. Sein Büro, das früher das Wohnzimmer eines ele-ganten, mit Parkett ausgelegten Apartments gewesen war, blick-te hinaus auf eine normalerweise friedliche Szenerie mit einem Brunnen und einem Teich, eingerahmt von Trauerweiden und regiert von einer Statue der Artemis, der griechischen Göttin der Jagd, im Zentrum des belle-époque-mäßigen Square Marie-Louise. Doch jeder, der zur Teezeit vorbeikam, musste alarmiert sein vom Strom kehligen Gebrülls und lautstarker Schimpf-wörter aus dem Erkerfenster in der Höhe. Wenn sein Ausbruch sich erschöpft hatte, setzte sich Boris an seine Tastatur, um in rasender Geschwindigkeit – und in einem gewalttätigen, faust-betonten Tipp-Stil – wieder einmal brillant vernichtende und einfallsreiche tausend Wörter abzuschießen.»

Um zu verstehen, was einen jungen englischen Korrespon-denten in den späten 1980er und frühen 1990er Jahren in Brüs-sel derart unter Hochspannung setzen und seinen Eifer so heftig anstacheln konnte, muss man sich die Zeitsituation vor Augen führen. Die britische Europaskepsis war 1989, als Johnson auf seinem neuen Posten eintraf, bei weitem noch keine so feste, fast folkloristische Größe wie heute. Die meisten in Brüssel stationierten Berichterstatter der Londoner Blätter standen der Europäischen Gemeinschaft (EG), wie die spätere EU damals noch hieß, im Gegenteil ausgesprochen freundlich gegenüber. Für einen Journalisten, der willens war, diesen Konsens aufzukündigen, mit der herrschenden Meinung zu brechen und auf Konfrontationskurs zur EG zu gehen, eröffneten sich beträchtliche Chancen – auf Aufmerksamkeit, aber auch auf Einfluss. Denn die Jahre um 1990 waren eine Phase des weltgeschichtlichen Umbruchs, und das lange eher öde Pflichtthema «Europa» lud sich auf einmal mit echter politischer Energie auf. Der Zusammenbruch des Kommunismus und der Sowjetunion, das Ende des Kalten Kriegs und die Vereinigung der Bundesrepublik mit der DDR verschafften dem Unternehmen der europäischen Integration unerwartet einen kraftvollen Schub, das Einigungsprojekt erreichte eine ganz neue Dimension. Plötzlich war Brüssel ein Brennpunkt historischer Ereignisse, der Schauplatz großer Dinge, wo eine Menge auf dem Spiel stand.

Die Schlüsselfigur bei alledem, so erlebte es wenigstens Boris Johnson in der belgischen Hauptstadt, war der damals amtierende Präsident der Europäischen Kommission – «ein Christian-Lacroix-tragender, Pfeife rauchender früherer französischer sozialistischer Premierminister namens Jacques Delors», wie Johnson sich 2003 erinnerte. Tatsächlich entstand zwischen Delors, dem deutschen Bundeskanzler Helmut Kohl und Frankreichs Staatspräsident François Mitterrand das entscheidende Machtdreieck auf dem Kontinent. «Delors begriff», so Johnson, «dass die Sache, über die wir uns alle Sorgen zu machen pflegten – die sowjetische Bedrohung – vorbei war. Der KGB, die Gulags, *Smersh* [das von James Bond her bekannte Moskauer Geheimdienst-Mordkommando], die auf London gerichteten Interkontinentalraketen – sie alle waren mit dem ‹Reich des Bösen› [wie US-Präsident Ronald Reagan die Sowjetunion genannt hatte] untergegangen. Aber er sah auch, dass die deutsche Vereinigung ein tief beunruhigendes Ereignis war. In ganz Europa fingen Leute an, über die Lehren aus der Geschichte zu murmeln, über Revanchismus und über einen deutschen Koloss von 81 Millionen Menschen, der Europa ‹dominieren› würde. Es musste ein Mittel gefunden werden, Deutschland zu kontrollieren, seine neue Stärke zu mäßigen, um sicherzustellen, in der Ausdrucksweise von Thomas Mann, dass es ein europäisches Deutschland und nicht ein deutsches Europa geben würde. Aus Pariser Sicht bestand die Antwort darin, die Institutionen der Europäischen Wirtschaftsgemeinschaft auszubauen, bis zu dem Punkt, an dem Deutschland in eine föderale wirtschaftliche und politische Union ‹eingebunden› sein würde.» Wir alle kennen und benutzen täglich das konkreteste Ergebnis der Integrationspläne, die damals geschmiedet und umgesetzt wurden: den Euro.

Der Chef der EG-Kommission, so Johnsons Analyse, verband mit seinem europäischen Einigungsvorstoß zugleich einen geopolitischen Plan, er hatte im Grunde eine neue Weltordnung für die Epoche nach dem Ost-West-Konflikt vor Augen: «Delors hoffte, dass dieses glorreiche neue Gebilde in gewisser Weise das Vakuum füllen würde, das der Zusammenbruch der Sowjetunion hinterlassen hatte. Europa würde nicht in einem Gegensatz zu Amerika stehen, oder wenigstens gewiss nicht in Feindschaft; aber es würde den zweiten Einflusspol in einer bipolaren Welt darstellen.» Die Parallele mit der Sowjetunion ist natürlich boshaft; sie verrät schon, dass Boris kein Freund und Unterstützer der Delors-Strategie war. Aber er hatte Respekt vor der visionären Zähigkeit dieses größten aller Europa-Bürokraten, sogar eine gewisse menschliche Sympathie für ihn, und in einem seiner Artikel erzählt Johnson geradezu liebevoll, was für ein gern gesehener, unprätentiöser Gast Delors in dem sardischen Restaurant in Brüssel war, in dem er gewöhnlich sein Mittagessen einnahm, vorzugsweise Fisch.

Die eindrucksvollste Gegenspielerin solcher weitreichenden Einigungsprojekte, die geschworene Feindin eines drohenden europäischen Superstaats, war die britische Premierministerin Margaret Thatcher. Es stimmt nicht, wenn Thatcher heute oft einfach als «antieuropäisch» bezeichnet wird. Sie hatte noch als Oppositionspolitikerin, 1975, beim ersten britischen Referendum zum Thema, für den Verbleib des Vereinigten Königreichs in der EG Wahlkampf gemacht – unter anderem, indem sie in einem Pullover auftrat, der auffällig und fotogen mit sämtlichen Flaggen der Mitgliedstaaten verziert war. Thatcher war später als Regierungschefin eine der treibenden Kräfte bei der Einrichtung des europäischen Binnenmarkts, der wahrscheinlich erfolgreichsten Integrationsmaßnahme überhaupt.

Aber von der Abschaffung des Pfundes als britischer Währung oder davon, dass Parlament und Kabinett in Westminster ureigene Kompetenzen nach Brüssel abgeben sollten – von einer solchen Aushöhlung der nationalen Souveränität wollte die Premierministerin nichts wissen. Für sie war die EG ein pragmatisches Instrument zur Förderung von Freihandel und Wirtschaft, kein historischer Auftrag, und schon gar nicht einer zur Überwindung des Nationalstaats. In die Geschichtsbücher eingegangen ist die Szene im Unterhaus in London, in der sie Ende Oktober 1990 ihren unerbittlichen Widerstand gegen die Verwandlung der Europäischen Gemeinschaft in ein eigenes

Quasi-Staatswesen aktenkundig machte. Keineswegs in aufgeregter Dramatik, sondern im Gegenteil in völliger Ruhe, sogar in absinkender Lautstärke, gab sie vor den Abgeordneten ihr finales Nein zu dieser Art Zukunft zu Protokoll: «No. No. No.»

Mit ihrer Radikalität sprach Margaret Thatcher jedoch keineswegs unangefochten für das ganze Vereinigte Königreich. Nicht nur die europhilen britischen Korrespondenten in Brüssel, sondern auch das Außenministerium in London und der eher liberale Flügel der Tories hielten die fundamentale Europaskepsis ihrer Regierungschefin für irregeleitet. In den Augen ihrer Kritiker gehörte diese unnachgiebige Bremserhaltung zu einem Gesamtbild von Sturheit und Abgehobenheit, das die Premierministerin nach mehr als einem Jahrzehnt an der Macht in allem vermittelte.

Im November 1990, wenige Wochen nach dem monumentalen «No. No. No.» im Parlament, wurde Margaret Thatcher von ihrer eigenen Konservativen Partei gestürzt. Ihre glühenden Anhänger sahen die Abservierung der größten englischen Politikerin seit Winston Churchill als schändlichen Verrat, den sie ihren gemäßigteren, weniger europhoben Kollegen anlasteten und nie verzeihen und vergessen würden. Die Tories verfielen über die Europa-Frage in einen innerparteilichen Bürgerkrieg, der länger als ein Vierteljahrhundert dauern und drei weitere konservative Premierminister (John Major, David Cameron und Theresa May) verschlingen sollte. Das britische Verhältnis zu Brüssel und allem, wofür Brüssel stand, wurde der ultimative politische Albtraum der Partei, das Schreckensthema, das sie überallhin verfolgte und über dem sie sich bis an die Grenze der Regierungsunfähigkeit zerstritt und zerfleischte.

Boris Johnson trug mit seinen Artikeln aus Brüssel kräftig

dazu bei, dass das große britische Euro-Drama Fahrt aufnahm. Er stand in dieser Sache mit Flair und Schärfe auf der Seite von Margaret Thatcher. Wie sie hielt er die Nationen und Kulturen des Kontinents für viel zu verschieden, als dass sie jemals zu einer organischen, aktionsfähigen Einheit zusammenwachsen könnten. Angeblich nahm ihn der Sturz der Premierministerin durch ihre treulosen Parteifreunde auch emotional spürbar mit: «Als alles vorbei war», so Johnson in seinem schon mehrfach zitierten Rückblick, «behauptete meine Frau Marina, dass sie mir begegnet sei, wie ich eine Straße in Brüssel entlangstolperte, Tränen in den Augen, und gesagt hätte, es sei, wie wenn jemand mein Kindermädchen erschossen hätte. Ich bestreite das, natürlich».

Boris holte das Thema «europäische Integration» aus der Amts- und Expertensphäre heraus und traktierte es mit Spott, Polemik und respektlosem Übermut. Er dröhnte nicht pompös über inakzeptable Souveränitätsverluste, sondern machte das institutionelle Europa, sein Personal und seine Projekte gnadenlos lächerlich. «Nach fünfmonatigem Studium», meldete der Korrespondent des *Daily Telegraph* etwa im November 1989, «hat die Kommission der Europäischen Wirtschaftsgemeinschaft entschieden, dass Schnecken als Fische eingestuft werden sollen, nicht als Fleisch. Im April hatte der damalige konservative Europa-Abgeordnete für Cheshire West, Andrew Pierce, den irischen Landwirtschaftskommissar, Ray McSharry, mit dem Problem konfrontiert. Eine parlamentarische Anfrage dieser Art, die eine Übersetzung in die neun Sprachen der Gemeinschaft einschließt, verursacht Kosten von rund tausend Pfund, und in der Zwischenzeit hat Pearce seinen Sitz verloren. Er erklärte gestern in Liverpool, dass er die Nachricht mit Interesse höre, aber mittlerweile nicht mehr sicher sei, warum er die Frage gestellt habe.»

Legendär wurde Johnsons Präservativgeschichte – ein besonders schlagendes Beispiel des europhoben Unterhaltungsjournalismus, weil sich hier die Veralberung der Integrationsbürokratie mit einer farcenhaften Bewirtschaftung von Nationalklischees verband. «Die italienische Gummibranche», meldete Boris im Mai 1991, «hat durch die Herstellung zu kleiner Kondome gegen Regeln der EG verstoßen.» Die Brüsseler Verwaltung, so der Artikel weiter, habe ihre «legendäre Aufmerksamkeit für das Detail» durch die Zurückweisung neuer italienischer Produktspezifikationen für die Bemessung von Präservativen bewiesen. Während alle Mitgliedsstaaten sich darüber einig seien, dass ein ungedehntes Kondom 16 Zentimeter *lang* sein solle, stoße die italienische Vorstellung einer maximalen Kondom*weite* von 54 Millimetern in der Kommission auf Ablehnung.

Mit parodistischer Seriosität zitierte Johnson den Sprecher der Kommissionsabteilung für industrielle Standards: «Dies ist eine sehr ernste Angelegenheit. Wir haben eine ausführliche Analyse von Kondomgrößen in der Gemeinschaft durchgeführt, einschließlich anderer mediterraner Länder.» Nicht 54, sondern 55 Millimeter seien der angezeigte Höchstdurchmesser für den Verhütungsbehelf. «Ein Millimeter mehr oder weniger kann den entscheidenden Unterschied ausmachen», ließ Johnson den Sprecher weiter erklären. «Unverblümt gesprochen, es sitzt entweder zu eng oder es rutscht ab.» Johnson schloss seinen Beitrag mit aufmunternden Worten für die vom Verdikt der genitalen Unterdimensionalität mutmaßlich gekränkten Männer der Mittelmeernation: «Italienische Egos, die unter der Entscheidung leiden, werden Trost in der Tatsache finden, dass ihre vorgeschlagene Minimalweite von 50 Millimetern für zu groß befunden wurde. Die EG-Untersuchung ist zu dem Schluss gekommen, dass der Minimaldurchmesser 49 Millimeter betragen solle.»

Das Prinzip dieser Kritik an «Brüssel», das Aufspießen absurder Vorschriften zur Bananenkrümmung oder zur Elastizität von Gartenschläuchen, die Attacke auf die EG (heute die EU) als Irrenhaus eines durchgeknallten Superbeamtentums, hat Schule gemacht – dies ist bis heute die klassische Sprache des populären Anti-Europäismus. Aber Johnson wandte sich auch den Machtverhältnissen zwischen den unterschiedlichen Nationen in der Gemeinschaft zu. Er beklagte, dass die britischen Vertreter in der Brüsseler Administration zu naiv und bei der Verteidigung der Interessen ihres Landes nicht entschieden genug seien. Ganz anders die Franzosen, die unter dem Deckmantel der europäischen Vereinigungsideologie in Wahrheit hochvirtuos und rücksichtslos ihren eigenen Vorteil verfolgen würden. Boris über Pascal Lamy, den Kabinettschef des Kommissionspräsidenten Delors: «Mit seinem praktisch kahlgeschorenen Kopf und seiner Exerzierplatz-Manier führt Lamy die oberen Ränge der Kommission wie ein Militärlager der französischen Fremdenlegion in der Sahara.»

Dagegen die Entsandten des Vereinigten Königreichs – hoffnungslos. «Das klassische Beispiel britischer Verweichlichung ist ein früherer Beamter des Finanzministeriums, der eine Position von potenziell weitreichendem Einfluss in der Personalabteilung der Kommission erlangt hatte. Bei der Abschiedsfeier für einen anderen britischen Eurokraten präsentierte er als Geschenk eine goldene Uhr und hielt eine Rede – auf Französisch. ‹Britische Beamte›, sagt ein Beobachter, ‹haben gelernt, dass sie politisch unparteiisch sein sollen.› Mit ihrem scheuen Grinsen und ihren Schuhen mit Kreppsohlen sind sie der intellektuellen Brutalität von Lamy und seinen Strohmännern nicht gewachsen.»

Das alles war nicht nur hübsch zu lesen, sondern tatsächlich folgenreich. Britische Diplomaten und Außenpolitiker, aber auch Beamte der Kommission begannen sich vor Johnsons Kritik zu fürchten. Bei Pressekonferenzen fragten sich die Autoritäten besorgt, was diesmal vom unberechenbaren *Telegraph*-Mann zu erwarten war. Und einmal mag ein Artikel des frechen Korrespondenten wirklich den Gang der europäischen Dinge beeinflusst haben.

Es handelte sich um ein Stück, das Johnson Anfang Mai 1992 nach einem europäischen Außenministertreffen im portugiesischen Guimarães veröffentlichte. Der Text war kein polemisches Kuriosum nach Art der Präservativgeschichte, sondern ein nüchternes, sachliches Nachrichtenfeature. Doch der Inhalt hatte es in sich. Der Autor berichtete, dass sein alter Bekannter Jacques Delors sich zu neuen, unerhörten Schandtaten rüste. Er wolle die Kommission zu einer echten europäischen Regierung ausbauen, sich selbst an ihrer Spitze als vom EG-Parlament gewählten Präsident installieren lassen und insgesamt ein Maß an Macht in Brüssel bündeln, wie es noch nie da gewesen sei. Unter anderem solle das Vetorecht einzelner nationaler Regierungen bei Gemeinschaftsentscheidungen abgeschafft werden – für das Vereinigte Königreich, das bei europäischen Kontroversen oft allein stand, eine furchterregende Aussicht, denn unter solchen Bedingungen könnten die Briten einfach überstimmt werden. Der *Sunday Telegraph* setzte den Artikel als Aufmacher auf seine Titelseite und schrieb darüber: *Delors' Plan To Rule Europe.* Der Plan des Kommissionschefs für die Herrschaft über Europa.

Der sensationalistische Pressebericht erwischte die EG in einem heiklen Augenblick der Verwundbarkeit. Die Mitgliedstaaten hatten sich kürzlich auf den «Vertrag von Maastricht» geeinigt, der die Grundlagen für eine europäische Währungsunion schaffen sollte. Bevor das Abkommen allerdings in Kraft treten konnte, musste es in einigen Ländern durch Volksabstimmungen bestätigt werden. In Dänemark beispielsweise stand das entsprechende Referendum am 2. Juni 1992 an. Allgemein erwartete man ein knappes Ja-Votum, aber der Widerstand war in dem ziemlich euroskeptischen kleinen Land beträchtlich. Das Letzte, was die Befürworter des Maastricht-Vertrages gebrauchen konnten, war eine dramatische Enthüllung über neue kühne Integrations- und Zentralisierungspläne in Brüssel. Genau diesen Schreckensstoff jedoch lieferte Boris' Aufmacher im *Sunday Telegraph.*

«Er mag», so Johnson im Rückblick, «nicht dazu geführt haben, dass man an den Frühstückstischen von England die Marmelade fallen ließ, aber in Dänemark war die Wirkung gewaltig. Weniger als einen Monat vor dem dortigen Referendum, und unter dem Eindruck wachsender Paranoia über die Aushöhlung der dänischen Unabhängigkeit, griff die Nein-Kampagne die Geschichte auf. Ihre Aktivisten fotokopierten sie tausendfach. Sie marschierten durch die Straßen von Kopenhagen, meinen Artikel an ihre Plakate geheftet. Und am 2. Juni, einem spektakulär sonnigen Tag, lehnten sie in bester Laune den Vertrag ab und brachten das Projekt zum Entgleisen.»

Das war etwas zu viel behauptet; der Vertrag von Maastricht wurde am Ende doch noch verabschiedet, nachdem man unter anderem die Dänen mit Ausnahmeregelungen beschwichtigt hatte. Aber so viel stimmt, dass der Referendums-Schock dem Europäismus vom Typ Delors, Kohl und Mitterrand in der Tat seine Grenzen aufzeigte. Die von ihnen gewünschte und in Maastricht beschlossene Europäische Union entstand wirklich. Aber sie musste von nun an permanent auf der Hut sein, sie lebte dauernd unter der dunklen, sich nie mehr richtig zerstreuenden Wolke der Euroskepsis, ihres demokratischen Defizits, ihrer angeblichen oder tatsächlichen Unpopularität. «Das Volk» war zum Risikofaktor für die Einigungskonstruktion geworden – ein Motiv, das die EU-Gegner mit Genuss und Effekt ausbeuten sollten. Was auch immer die EU sich in den kommenden Jahren noch vornahm, was sie an Kompetenzen hinzugewann oder an Initiativen entfaltete – es wurde und wird von einem unauslöschlichen schlechten Gewissen begleitet, von angestrengten Rechtfertigungsbemühungen, von dauernder Angst vor einer Abstrafung durch die Bürger. Die Idee des institutionellen Europa ist in Frage gestellt und in die Defensive geraten, und niemand erwartet wirklich, dass sich das noch einmal grundlegend ändern wird.

Was ist die Bilanz von Boris Johnsons abenteuerlichen Korrespondentenjahren, wie fällt das Urteil über seine Zeit und Arbeit in Brüssel aus? Für seine Gegner ist er ein Hauptschuldiger an der lügenhaften und politisch irregeleiteten Anti-Europa-Propaganda der englischen Rechten, in der die EU abwechselnd als lächerlicher Popanz und als bösartiger Machtmoloch erscheint, bald grotesk, bald totalitär. Ein volksverführender Hassdiskurs, der in den Reden von Tory-Politikern und in den Zeitungskolumnen der *Sun* oder der *Daily Mail* jahrzehntelang anschwellen und schließlich 2016 in der siegreichen Demagogie der Brexit-Kampagne an sein verhängnisvolles Ziel kommen sollte. Boris Johnson ist aus dieser Sicht ein böser Geist der öffentlichen Meinung im Vereinigten Königreich und womöglich darüber hinaus. Denn dieses giftige, destruktive Europa-Bashing hat schließlich auch in anderen Ländern Anhänger und Nachahmer gefunden.

Man wird fairerweise sagen müssen, dass das nicht die ganze Wahrheit ist. Zu der gehört nämlich auch, dass Johnsons Zweifel am kontrollversessenen, Harmonisierung zum Selbstzweck erhebenden Charakter des Einigungsprojekts keineswegs absurd waren. Es steckt im Herzen des Brüsseler Unterfangens eine vielleicht nicht tödliche, aber echte Gefahr unhistorischer und undemokratischer Anmaßung, und der junge Korrespondent des *Daily Telegraph* hat sie seinerzeit klarer erkannt und schärfer ausgedrückt als andere. Vor allem jedoch war sein unverschämter Ton eine höchst angemessene, verdiente Antwort auf die pompöse Leere und humorlose Aufgeblasenheit, auf das routinierte Phrasengewäsch, mit dem das offizielle Europa und seine Anwälte sich oft, um nicht zu sagen regelmäßig, artikulierten. Man kann sich nur darüber freuen, dass diese Sprechautomaten hier einmal die freie Diktion gutgelaunter individueller Arroganz zu hören bekamen.

Wie nobel Boris Johnsons persönliche Motive bei alledem waren, ist damit nicht entschieden. Viel spricht dafür, dass er, wie wahrscheinlich meist bei seinem Tun und Treiben, in erster Linie an sich und seinen nun sprunghaft wachsenden Ruhm und Einfluss dachte. Auch im Fall seines Brüsseler Wirkens hat er, mit seiner bevorzugten Technik der präventiven Selbstbeschuldigung, bereits von sich aus auf durchaus egoistische Handlungsgründe hingewiesen. «Ich warf gewissermaßen», so Boris 2005 in einer Radiosendung über seine Artikel, «diese Steine über die Gartenmauer und hörte dieses erstaunliche Krachen aus dem Gewächshaus nebenan, drüben in England. Alles, was ich aus Brüssel schrieb, hatte diesen erstaunlichen, explosiven Effekt auf die Partei der Tories. Und es gab mir wirklich dieses, ich nehme an, ziemlich schräge Gefühl von Macht.»

KAPITEL 3

EIN LIBERALER
KONSERVATIVER

Seine Jahre in Brüssel hatten Boris Johnson, wie gerade gesehen, nicht nur zu einem bekannten Journalisten, sondern auch zu einer politisch einflussreichen Figur gemacht. Andere ehrgeizige junge Männer Anfang dreißig wären mit dem Erreichten wahrscheinlich recht zufrieden gewesen. Aber für jemanden, der als Kind in aller Unschuld den Berufswunsch «Weltkönig» geäußert hatte, müssen seine bisherigen Errungenschaften noch durchaus unzureichend gewirkt haben. Boris' Berühmtheit beschränkte sich einstweilen auf die überschaubare Welt der konservativen Publizistik, vom gesinnungsfesten *Daily Telegraph* bis zum mehr spielerischen und intellektuellen Wochenmagazin *The Spectator*. Und obwohl seine Meinungen (wir wollen bei Boris nicht gleich von Überzeugungen sprechen) politisches Gewicht besaßen, obwohl sie die Europa-Freunde in der Regierung das Fürchten lehrten und den Europa-Skeptikern ihre Parolen lieferten, war Boris Johnson doch in Wahrheit kein Politiker, sondern bloß ein parteinaher Schreiber ohne Amt und Würden bei den Tories oder im Staat.

In diesem Kapitel unserer Geschichte sehen wir, wie sich das alles ändert. Johnson wird eine echte nationale *Celebrity*, weit über ein konservatives Lesepublikum hinaus, und er startet eine wirkliche politische Karriere. 1997 kandidiert er zum ersten Mal (erfolglos) für das Unterhaus, schafft 2001 dann tatsächlich den Sprung ins Parlament und wird 2008 zum Bürgermeister von London gewählt. Mittendrin besorgt er sich auch noch eine neue ideologische Identität – oder besser: zum ersten Mal legt er sich überhaupt so etwas wie eine ideologische Identität zu, denn außer zu Europa musste er sich bisher nicht zu vielen Themen äußern und festlegen. Wenn man das Populisten-Image vor Augen hat, das Johnson heute wegen der Brexit- Kampagne anhängt, dann kann man über die politische Persönlichkeit nur staunen, die er in den frühen und mittleren Jahren seiner öffentlichen Laufbahn entwickelt: Er wird zum Musterexemplar eines liberalen Großstadtkonservativen.

Der Höhepunkt dieser Boris-Phase war seine Londoner Bürgermeisterzeit, und der Höhepunkt seiner Londoner Bürgermeisterzeit waren die Olympischen Spiele im Sommer 2012: das weltweit bejubelte Festival eines modernen, kosmopolitischen, multikulturellen Vereinigten Königreichs. Eines Landes, dessen greise Monarchin sich mit dem James-Bond-Darsteller Daniel Craig zu einem filmischen Hubschrauber-Stunt für die Eröffnungsfeier zusammentat. Niemand schien dieses entspannte, selbstironische Großbritannien so lustvoll und originell zu verkörpern wie Johnson. Wie hat er das geschafft – Kult zu werden und zugleich ein Politiker, den schon damals die halbe Nation für einen künftigen Premierminister hielt?

Das Vehikel für Boris Johnsons Aufstieg in die Superprominenz war das Fernsehen. Kein politisches Programm wie die BBC-Formate *Today* oder *Newsnight*, aus denen sich das britische

TV-Publikum traditionell über das Zeitgeschehen informiert. Sondern zuerst die Quizsendung *Have I Got News For You* – ein ebenfalls von der BBC ausgestrahltes Fragespiel zur aktuellen Nachrichtenlage, bei dem es mindestens so sehr darauf ankommt, Hohn und Spott in guter Haltung zu ertragen, wie die gestellten Aufgaben richtig zu lösen. Boris, der als Europa-Kritiker vorzugsweise ausgeteilt hatte, musste hier zeigen, dass er auch einstecken konnte – wenigstens, solange die Kamera lief. Zu großem Lacherfolg präsentierte er sich als praktisch wehrloses Ziel, als Boxsack eines karikaturistischen Konservativismus und Elitismus, der unter den Schlägen seiner Angreifer gedämpfte Schmerzenslaute von sich gab und sich als passiver, schicksalsergebener Beutel hin- und herprügeln ließ.

Die Zuschauer liebten es. Die Show bot den doppelten Genuss, dass man sich über den *toff*, den feinen Pinkel, lustig machen und ihn gleichzeitig ins Herz schließen konnte. Johnsons Entdeckung von *Have I Got News For You* war, wie seine Biographin Sonia Purnell treffend bemerkt, der Augenblick, in dem er aufhörte, Boris Johnson zu sein, und sich in eine popkulturelle Marke, in die nationale britische Sehenswürdigkeit «Boris» verwandelte. Er stand bald nicht mehr nur in einer Sendung auf dem Programm, sondern überall, er schrieb nun nicht bloß politische Kolumnen, sondern testete auch Autos für das Männermagazin *GQ* und verfasste darüber Artikel von pubertär sexistischer Euphorie, etwa über das Fahrerlebnis mit einem Ferrari: «Die [Fernstraße] M3 öffnete sich vor mir, eine lange, ruhige Strecke, platt wie [die Salzebene] Bonneville [im US-Bundesstaat Utah], und ich muss sagen, es war, als ob die ganze Grafschaft Hampshire sich zurücklehnen und ihre wohlgestalteten Beine öffnen würde, um sich von diesem italienischen Hengst besteigen zu lassen.»

Im November 2001, als er schon als Abgeordneter im Unterhaus sitzt, räsoniert Johnson über die vielfältigen Anfeindungen und Charakterzweifel, denen sein fernsehbasierter Prominentenstatus ihn aussetzt. «Gehe neulich abends Holloway Road entlang. Bin ein bisschen gedrückter Stimmung. Will im Eckgeschäft Bier kaufen. Mann fährt auf einem Fahrrad vorbei. ‹Oi, du›, ruft er, ‹du kinnloser Wichser.› Aus irgendeinem Grund erzürnt mich das, und ich setze zur Verfolgung an, aber er hat mir die Räder voraus. Es stört mich nicht, wenn man mich einen Wichser nennt, aber bei ‹kinnlos› ziehe ich eine Grenze. Schließlich verfüge ich über eine schöne Auswahl von Kinnen. Während ich trübsinnig weitertrotte, frage ich mich, was seinen Zorn erregt hat, und komme zu dem Schluss, dass es die TV-Spielshow sein muss, in der ich immer wieder auftrete. Eine Menge Leute sagen, dass ein Mitglied des Parlaments in einer solchen Show nicht auftauchen sollte. Sie sagen, das entspricht nicht der Würde des Amtes. Denk' an die großen Staatsmänner der Vergangenheit, sagen sie. Würde Winston Churchill zu *Have I Got News For You* gegangen sein? Perikles?»

Das vermag Johnson zwar nicht mit voller Gewissheit zu bejahen. Er kann aber trotzdem mit vier Gründen aufwarten, warum sich die Beteiligung an Unterhaltungsprogrammen für Politiker geradezu zwingend empfiehlt. Erstens ist nicht etwa ein stolzes Bewusstsein der eigenen Würde der Hauptgrund dafür, solche Einladungen auszuschlagen, sondern schlichte Feigheit. (Hier watscht Boris seinen eigenen früheren Chefredakteur, Max Hastings vom *Daily Telegraph*, einen renommierten Kriegsreporter, wegen Hasenfüßigkeit im Angesicht von Quizmoderatoren ab.) Zweitens sind die Entertainment-Medien das wahre Parlament von heute, eine Chance für die sonst von historischer Überflüssigkeit bedrohten Unterhaus-Abgeordneten, sich noch einmal als echte Debattenlöwen zu produzieren. Drittens bringen Fernsehauftritte Geld: «Sie geben dir tausend Pfund. Das bedeutet, du kannst mit näherungsweise zwei Kindern in den Skiurlaub fahren. Das ist eine Menge TV-Demütigung wert, meiner Meinung nach.»

Schließlich, viertens, wenn das alles so dämlich ist, warum sehen die Leute es sich dann an? Sie könnten mit EasyJet nach Nizza fliegen, Klavier spielen lernen oder ein gutes Buch lesen, «zum Beispiel einen sensationellen Bericht aus dem jüngsten Wahlkampf, zum maßvollen Preis von 14,99 Pfund, im Verlag Harper-Collins». (Das ist selbstverständlich Boris Johnsons eigenes neuestes Werk über seine Kampagne für den Unterhaussitz von Henley-on-Thames.) Aber nein: «Sie sitzen wie die Gefangenen in Platons Höhle, betrachten die flimmernden Bilder vor ihnen und verwechseln sie mit der Wirklichkeit. Das ist der eigentliche Hammer: Nicht dass Menschen so närrisch sind, im Fernsehen aufzutreten, sondern dass Menschen so faul und gedankenlos sind, es sich anzuschauen. Und das ist natürlich die beste Art, sich vor dieser Schande zu bewahren: indem man selbst ins Fernsehen geht. Seht es euch nicht an. Ich jedenfalls hab's nicht gemacht – noch nicht.»

Boris Johnson ist nicht der erste Politiker im Vereinigten Königreich gewesen, der seine Karriere und seinen Erfolg seiner TV-Tauglichkeit und TV-Präsenz verdankt. Der ursprüngliche stilbildende Fernsehpolitiker war Tony Blair, der Premierminister aus der Labour-Partei, der 1997 die Herrschaft der Konservativen beendete und zehn lange Jahre an der Macht bleiben sollte. Aber Johnson war der erste und ist bis heute der einzige britische Politiker, der seine TV-Persönlichkeit und damit sein Image und seine Verkaufsstrategie auf eine Selbstdarstellung als komische Figur zugeschnitten hat. «Ich bringe euch zum Lachen, also wählt mich» – das war ein neuartiger, unerhörter, nie dagewesener Appell. Er bedeutete nicht nur den Einzug der Popkultur in die Politik, sondern auch eine neuartige Dominanz des damit verbundenen Wertesystems, in dem Aufmerksamkeit wichtiger als Zustimmung und Blamage keine wirkliche Schande ist. Es war der Beginn der Herrschaft von Quote und Klick.

Boris Johnson war damit, wie man heute weiß, ein Vorbote der Zukunft. Das clowneske Element ist ein fester, typischer Bestandteil der Politik geworden. In Italien hat der Komiker Beppe Grillo die Protestbewegung «Movimento Cinque Stelle» (M5S) ins Parlament und bis in die Regierung gebracht. In der Ukraine wurde der Schauspieler und Fernsehunterhalter Wolodimir Selenskij zum Staatspräsidenten gewählt. Donald Trump hatte nicht nur seine eigene Reality-TV-Show, das sozialdarwinistische Bürodrama *The Apprentice* («You're fired!»), sondern seine ganze Anziehungskraft beruht in höchstem Grade auf dem Entertainment-Faktor, auf dem groben Witz seiner boshaften Tweets und seiner hohndurchsetzten Redeauftritte vor Anhängermassen. Boris Johnson hat seine öffentliche Karriere lange vor den anderen Staatskomikern unserer Zeit auf die Kraft des Lachens und der Lächerlichkeit gegründet. Er hat das Bedürfnis einer gelangweilten, ideologisch nicht mehr ausgelasteten Gesellschaft nach politischem Amüsement erkannt und befriedigt – bevor die Gesellschaft sich dieses Bedürfnisses überhaupt, wie heute, voll bewusst geworden war.

Wie Johnson jedoch generell, anders als Trump, zur Selbstironie fähig und kein Hetzer ist, nährt sich auch sein Witz in der Regel nicht von Hass und Ressentiment. Es sind normalerweise nicht die Schwachen und die Außenseiter, die er sich vornimmt, sondern aufgeblasene Autoritäten (oder wen er dazu erklären kann), wie kontrollsüchtige Europabehörden oder eben die dünkelhaften politischen Anstandswächter, die auf volkstümliche Vergnügungen wie *Have I Got News For You* verachtungsvoll hinunterblicken. Allerdings: Wozu Johnson sich in den frühen Jahren seines öffentlichen Wirkens offenbar vollkommen berechtigt fühlte, war die Bedienung kolonialrassistischer Klischees – bestenfalls halb ironisch und selbstparodistisch. Originalton aus dem Jahr 2002, aus Anlass einer Afrika-Reise des damaligen Premierministers: Tony Blair «soll, heißt es, in Kürze in Richtung Kongo aufbrechen. Ohne Zweifel werden die Kalaschnikow-Sturmgewehre verstummen, die Macheten werden aufhören, Menschenfleisch zu hacken, und die Stammeskrieger werden alle über das ganze Gesicht strahlen wie Wassermelonen, wenn sie sehen, wie der große weiße Häuptling mit seinem großen weißen, vom britischen Steuerzahler finanzierten Vogel landet.»

Unvorstellbar, dass irgendjemand, der so etwas geschrieben hat, deutscher Bundeskanzler werden könnte – oder CEO von IKEA, Präsident der Universität von Wisconsin oder Generalstabschef der portugiesischen Streitkräfte. Es könnte auch niemand mit einer solchen Äußerungsvorgeschichte Premierminister Ihrer Majestät der Königin werden – niemand, heißt das, außer Boris Johnson. Warum ausgerechnet er wieder eine Ausnahmegenehmigung bekommt, lässt sich natürlich nicht mit letzter Sicherheit feststellen. Aber drei Faktoren liegen zur

Erklärung nahe. Da ist einmal die allgemeine Boris-Lizenz, das Immer-schon-eingepreist-Sein von Entgleisungen und Unmöglichkeiten aller Art, die universal einlösbare *Get-Out-Of-Jail*-Karte, die Johnsons ewiges Lausbubentum ihm in den Augen beileibe nicht der ganzen Öffentlichkeit, aber doch eines beträchtlichen, hinreichend großen Teils davon gibt. Zweitens fällt es schwer, einen Mann für einen Rassisten zu halten, der weder als Mensch noch als Politiker je durch spießiges oder chauvinistisches Unbehagen am bunten, multiethnischen Großbritannien der Gegenwart aufgefallen ist. Im Gegenteil: Johnson hat die Vielvölkerstadt London mit geradezu missionarischer Leidenschaft zum nationalen und globalen Modell erklärt. Davon werden wir noch hören.

Der dritte mögliche Grund für die Nachsicht schließlich hat mit der grundsätzlichen Ausrichtung des speziellen Boris-Humors zu tun. Seine Spitze zeigt normalerweise nach innen, zumindest auch nach innen. Johnson macht sich über niemanden so oft und so gründlich lustig wie über sich selbst, und das kann mit einer Menge an Geschmacklosigkeit oder Unverschämtheit versöhnen. Sogar in der indiskutablen Eingeborenen-Tirade, die wir eben zitiert haben, lassen sich Spurenelemente einer selbstkritischen Pointe feststellen – nicht persönlich, wohl aber national. Denn mit noch größerer Lust als die Kongolesen wird ja der britische Regierungschef lächerlich gemacht, der mit spätimperialistischer Erlösergeste einem umnachteten Afrika das Licht von Frieden und Fortschritt bringen will. Der wirkliche Spott gilt nicht den «Stammeskriegern», sondern dem «großen weißen Häuptling».

Doch zurück zur Geschichte unseres Helden. Eine schlichte Tatsache ist an diesem Punkt der Erzählung extrem wichtig: Boris Johnson begann seinen offiziellen politischen Weg bei den Tories in einem Augenblick, als die Konservative Partei und die Philosophie des Konservativismus auf geradezu schmähliche, demütigende Weise in der Defensive waren. Als Johnson 1994 aus Brüssel nach London zurückkehrte, amtierte John Major, der Nachfolger von Margaret Thatcher, noch als Regierungschef. 1997, in der ersten Parlamentswahl, bei der auch Boris antrat, nahm Labour den erschöpften und zerstrittenen Tories nicht nur die Macht ab, sondern errang einen überwältigenden Sieg, mit einer gigantischen Mehrheit von 179 Sitzen im Unterhaus.

Tony Blair wurde nicht einfach der nächste Premierminister. Er stand vielmehr sofort und auf unabsehbare Zeit als konkurrenzlos dominierende, überlebensgroße Figur der politischen Landschaft da. *New Labour*, der neue Zuschnitt der Partei, der sie von musealen sozialistischen Dogmen befreit und für eine aufgeklärte, urbane Mittelschicht wählbar gemacht hatte, wirkte wie eine Innovation von historischer Tragweite. Die siegreiche Reformlinke schien einen unwiderstehlichen Zeitgeist zu repräsentieren – ein Eindruck, der durch einen Blick über die Grenzen noch verstärkt wurde, wo Blair auf einflussreiche Geistesverwandte und Gesinnungsfreunde zählen konnte: Bill Clinton, seit 1993 Präsident der Vereinigten Staaten, und Gerhard Schröder, der 1998 zum deutschen Bundeskanzler gewählt wurde. Der «Dritte Weg», die Parole, unter der sich die neuen Mitte-Links-Politiker der 1990er Jahre versammelten, war offenbar das Losungswort der Zukunft, und der abgewirtschaftete, ausgelaugte Post-Thatcher-Konservativismus hatte dem einstweilen nichts entgegenzusetzen.

Das war das wenig einladende Feld, auf dem Boris Johnson zu Beginn seiner Politikerjahre zu operieren hatte, und er tat es mit einer Doppelstrategie. Auf der einen Seite versuchte er sein Bestes, um Blair und die Blairisten tatsächlich zu attackieren. Nicht als sozialistische Hardliner, das wäre unglaubwürdig und aussichtslos gewesen. Sondern als Vertreter einer öligen, verlogenen Trivialmoderne, einer sanft bevormundenden Fortschrittsdiktatur, die wirklichen konservativen Werten wie Tradition, individueller Freiheit und Wettbewerbsgeist in Wahrheit nicht weniger feindselig gegenüberstand, als die altlinke Klassenkampfmentalität früherer Labour-Generationen es getan hatte.

Johnson mit seinem anarchistischen Gespür entdeckte und verabscheute blitzschnell den illiberalen Zug in der Politik des «Dritten Wegs». Als Blair eine Art Zwangsnachhilfe für säumige und lernschwache Schüler forderte, griff Boris den damaligen Oppositionsführer mit präziser Hellsicht als «sozialautoritär» an: «Verbummelte Elfjährige sollen gezwungen werden, im Sommer an dreiwöchigen Intensivkursen für Lesen und Schreiben teilzunehmen, was auf den ersten Blick wie eine neue Einmischung des Staates ins Familienleben aussieht. Das gehört zusammen, nehme ich an, mit dem Labour-Plan, dem Staat mehr Rechte zum Einschreiten gegen lärmende Nachbarn zu geben.» In Johnsons Augen war das ganze New-Labour-Projekt unter seiner Hochglanzpolitur zutiefst spießig. Das Spießertum der Progressiven fand er schwerer erträglich als die alte, ehrliche Spießigkeit der Rechten.

Halb Großbritannien hatte sich herablassend amüsiert, als der blasse Premierminister John Major sich zu seinem konventionellen, idyllischen Bild vom idealen England bekannte: lange Schatten auf dem Rasen, warmes Bier und alte Jungfern, die im Morgendunst zum Gottesdienst radeln. Aber wie sah das moderne, coole Land aus, das Tony Blair stattdessen propagierte? Das er international als Weltzentrale des liberalen Zeitgeists vermarkten wollte? «Eine Menge junge Designer, die sich auf Gesäßentblößung spezialisieren; ein paar flegelhafte, unoriginelle *Britpop*-Stars; Restaurantbesitzer, die Multimillionäre sind und fünf Pfund für ein Brötchen nehmen? Das trifft den Geschmack des Moments, okay. Nach ein paar Jahren dieser aufdringlichen Aufgeblasenheit, das wette ich, werden wir alle wieder nach dem alten Major-haften bescheidenen, zungenlahmen Understatement rufen. Und nach meiner Erfahrung ist das auch die Eigenschaft der Briten, die Ausländer am höchsten schätzen.»

Die tiefe kulturelle Abneigung freilich ist nur die halbe Wahrheit über Johnsons Gefühle für Blair und den Blairismus. Boris weiß auch, dass die neue Mitte-Links-Philosophie jetzt der Goldstandard erfolgversprechender Politik ist. Dass die Tories davon lernen und sich verändern müssen. Dass es keinen Zweck hat, einfach unbeirrt im Geist Margaret Thatchers mit Kapitalismus, Patriotismus und Antieuropäismus weiterzumachen. Tony Blair ist nicht nur ein Feindbild, er ist auch ein Modell. Mit keinem anderen Politiker hat sich Johnson je so obsessiv, mit derart intensiver, prägender Hassliebe auseinandergesetzt. Perikles und Churchill mögen seine Helden sein, und Margaret Thatcher ist die Partei-Ikone, der jeder britische Konservative Respekt und Verehrung zu zollen hat. Aber das persönliche politische Schlüsselerlebnis, der Mann, gegen den er sich behaupten musste und nur durch ein Wechselspiel von Widerstand und Anpassung behaupten konnte, war für den Tory Boris Johnson der Labour-Premierminister Tony Blair.

Dass Johnson einen modernisierten, zeitgemäßeren Konservativismus will, zeigt der Bericht, den er 2001 von seiner ersten erfolgreichen Unterhauskandidatur im Wahlkreis Henley-on-Thames (eine gute Fahrstunde von London entfernt, in der Nähe von Oxford) gegeben hat – in dem oben von ihm selbst angepriesenen, «maßvoll» ausgepreisten Büchlein «Freunde, Wähler, Landsleute. Aufzeichnungen aus der Kampagne». Johnson schildert die Mühen der Stimmenwerbung im Altenheim («Wir haben hier Herrn Bruce Johnson (oder Norris Thomson, Horace Gimson, etc.), der für die Konservative – habe ich das richtig verstanden, mein Lieber? – für die Konservative Partei antritt») und die Tatsache, dass er zum ersten Mal in seinem Leben peinlich genau die Geschwindigkeitsbegrenzung auf der Autobahn einhält, weil ein angehender Parlamentarier nicht von der Polizei bei einer Rechtswidrigkeit erwischt werden darf. Das Tagebuch ist, wie immer bei Johnson, ein hochgradig unernstes Produkt, voller gespielter Ekstasen und authentischer Blödelei. (Nach der Nominierung durch den Tory-Kreisverband: «Ich schien in einer Art Delirium zu sein. Ich fühlte mich aufs äußerste erhoben, als seien meine Lungen mit Helium gefüllt.») Aber die durchgängige Albernheit ändert nichts an der Aussagekraft.

So fällt selbst Johnson, nicht eben einem glühenden Feministen, störend auf, was für eine tief patriarchalische, geschlechterpolitisch dinosaurierhafte Partei die Konservativen im Jahr 2001 immer noch sind. Seine Frau, Mutter von vier gemeinsamen Kindern, die aus beruflichen Gründen ihren Mädchennamen beibehalten hat, wird deshalb bei Versammlungen automatisch erst einmal angesehen, «als würde ich irgendeine Freundin durch die Gegend paradieren». Ist der falsche Eindruck des Konkubinats korrigiert, so verwandelt sich die rechtmäßige Gattin auf kaum weniger peinliche Weise in ein politisches Plus, zum Beispiel in der Konkurrenz mit unverheirateten Parteirivalen: Sein größter Vorteil gegenüber einem Mitbewerber, so Johnson, «war, dass ich eine Ehefrau hatte, die aus der ersten Reihe zu mir hochstrahlte, mit allen Zeichen von Interesse, gekleidet in ein angemessen farbenfrohes geblümtes Jackett. Und das, mehr oder weniger, ist es, was die Tories immer noch von einer Frau erwarten: mit unverhohlener Bewunderung auf ihren Helden in Nadelstreifen zu blicken.»

Johnson weiß, was für ein kompletter Anachronismus das ist: «Es ist vorbei, Jungs. Ils sont passés, ces beaux jours. Irgendwie kriegen die Mädels keinen Kick mehr bei der Vorstellung, dass sie die Krawatte des Kandidaten geradeziehen oder ihm seine jungenhafte Stirnlocke beiseite streichen dürfen.» Entgeistert referiert er die ernstgemeinten Verbesserungsvorschläge höchster Parteigranden, mit denen sie der mangelnden Anziehungskraft der Tories auf das weibliche Geschlecht abhelfen wollen, als würde es sich um eine exotische Randgruppe handeln: «Wir müssen auf die Frauen zugehen – und auf die Leute in Wales!» Oder: Wir müssen «eine Sprache sprechen, die Frauen verstehen.» Johnson ist sich vollkommen klar darüber: Wenn die Partei das viktorianische Familien- und Gesellschaftsbild nicht überwindet, das Margaret Thatcher trotz ihrer Begeisterung für die Dynamik des Kapitalismus immer beibehalten hat, dann haben die Konservativen gegen die stimmungsempfängliche, metrosexuelle Sensibilität von Tony Blairs «New Labour» nicht die mindeste Chance.

Neben ihrem fossilen Patriarchentum macht Johnson noch ein weiteres Politikfeld aus, auf dem die Tories in die Mitte, ehrlicher gesagt: nach links rücken müssen. Das ist ihr Verhältnis zum Sozialstaat. In typischer Selbstironie illustriert er das Problem anhand der Wahlkampfbegegnung mit dem Marketing-Manager einer Fabrik für Kartoffelchips. Der Mann, so Boris, ist hochzufrieden damit, dass die Konservativen in Brüssel gegen den vaterlandsfeindlichen europäischen Versuch kämpfen, die beliebten britischen Chips mit Krabbencocktail-Geschmack zu verbieten. Der Lebensmittelvermarkter weiß es auch zu schätzen, dass die Tories, als unerbittliche Feinde bürokratischer Überregulierung, das Recht seiner Firma verteidigen, ihren Produkten nach Herzenslust Emulgatoren und Oxidationshemmer beizumischen.

Aber, sagt Boris Johnson, dieser bürgerliche Wähler ist trotz seiner ausgeprägten konservativen Sympathien kein Gegner des *National Health Service (NHS)*, des steuerfinanzierten, für Patienten kostenlosen Gesundheitsdienstes, der das Kernstück des britischen Wohlfahrtsstaats ausmacht – und an dem die Tories gewohnheitsmäßig herumnörgeln. Er nutzt den *NHS* selbst und möchte, dass er bestehen bleibt. Auch ein solch konservativer Wähler akzeptiert durchaus, dass ein jahrzehntealtes System (der Gesundheitsdienst wurde kurz nach dem Ende des Zweiten Weltkriegs geschaffen) hier und da reformbedürftig sein mag – doch er will es nicht abschaffen und durch eine privatisierte Krankenversicherung ersetzen, die Leuten wie ihm unverschämte Beiträge abverlangt und in der Gesellschaft insgesamt die soziale Solidarität aufkündigt. Dieser leitende Angestellte aus einer grundnormalen Branche der englischen Wirtschaft hat keine Verwendung für die Konservativen als eine Sekte von Kapitalismusfanatikern, die immer und überall bloß an Effizienz und Profit denken. Er will die Tories als moderate, die Nation einende Volkspartei. Im Grunde wie eine britische CDU.

Das also war ungefähr das politische Weltbild, mit dem Boris Johnson ins parlamentarische Leben und in die professionellen Staatsgeschäfte einstieg. Es war auch tatsächlich die Philosophie, mit der die Konservativen schließlich aus ihrem Popularitätsloch herauskommen, gegen *New Labour* Fuß fassen und am Ende, im Mai 2010, mit David Cameron als Premierminister wieder an die Regierung gelangen sollten. Das kalte, unbarmherzige Image der Thatcher-Jahre wurde programmatisch abgelegt und die Partei auf eine neue Menschenfreundlichkeit umgestellt.

Allerdings hatte Johnson zunächst keinen besonders eindrucksvollen Anteil an der Renaissance der Tories. Er war als Abgeordneter ein ziemlicher Flop. Seine Nebentätigkeiten (er hatte 1999 die Chefredaktion des *Spectator* übernommen, schrieb mehrere Kolumnen in anderen Publikationen und unterhielt überhaupt eine breitgefächerte Medienpräsenz) lenkten ihn von seinen Pflichten in Westminster ab. Er sprach im Unterhaus selten und nicht gerade begeisternd. Ein guter Parlamentsredner, besonders im englischen Debattensystem mit seinen vielen Unterbrechungen und Kurzinterventionen, muss schlagfertig, präzise und pointiert sein. Johnsons humoristisches Plustern und Mäandern dagegen funktioniert im Plenarsaal nicht, es wirkt wie eine enervierende Geduldsprobe. Das Fernsehgenie Boris, der *After Dinner Speaker*, dem Investmentbanker wie Hausfrauen zu Füßen lagen, der witzige Journalist und gesuchte Salon-Entertainer: in der unnachsichtigen Prüfungssituation des Parlaments stieß seine Unterhaltungs- und Sympathiemagie an ihre Grenzen.

Hinzu kamen die Skandale. Schon während seiner Bewerbung als Kandidat fürs Unterhaus hatte eine alte monströse Geschichte noch einmal ihr Haupt erhoben: der Tonbandmitschnitt eines Telefonats, in dem Boris einem in kriminelle Schwierigkeiten geratenen Freund aus Eton und Oxford versprochen hatte, die Adresse eines lästigen Journalisten zu besorgen – damit der feindliche Zeitungsschreiber zusammengeschlagen und eingeschüchtert werden konnte. Johnson hatte die gewünschte Information dann doch nicht geliefert, es war letztlich nichts passiert. Trotzdem dürfte der gegenwärtige britische Premierminister der einzige führende Politiker eines westlichen, demokratischen Rechtsstaats sein, dessen mögliche Gewissensbisse auf einem allgemein zugänglichen Tondokument mit der Versicherung beschwichtigt werden, mehr als ein paar gebrochene Rippen werde das Opfer der gerade gemeinsam besprochenen Schufterei nicht zu beklagen haben.

Auf diese halsbrecherische Höhe der Bedenkenlosigkeit schwang sich Boris in seinen späteren Skandalen nicht mehr ganz empor. Trotzdem zeugen sie für einen aktiven Politiker von einer frappierenden Selbstgefährdungslust (manche Beobachter haben von einer Art Todeswunsch gesprochen). Anders als oftmals früher blieben seine Missgriffe und Fehltritte nun für den Abgeordneten Johnson auch nicht mehr ohne Konsequenzen. Er musste auf Anordnung der konservativen Parteiführung zu einer demütigenden, absurden Entschuldigungstournee nach Liverpool reisen, weil die Stadt in einem Leitartikel des von ihm herausgegebenen *Spectator* beleidigt worden war. Und er verlor seinen Posten als kulturpolitischer Sprecher der Tories, weil er über seine langjährige Affäre mit einer Kollegin bei dem Magazin gelogen hatte.

Boris' Dementi der Geschichte war umfassend und bild-kräftig gewesen: «Ich habe keine Affäre mit Petronella gehabt. Es ist kompletter Blödsinn. Es ist eine kopfstehende Pyramide von Nonsense. Es ist alles vollkommen unwahr und lachhafte Spekulation. Es verblüfft mich, dass die Leute solchen Quark schreiben können.» Nur war die schwungvolle Einlassung zu-gleich absolut falsch. Johnson hatte nicht nur die Öffentlichkeit angelogen, sondern auch seinen eigenen Parteichef. Man legte ihm den Rücktritt nahe. Boris weigerte sich zunächst – sein Privatleben, fand er, gehe niemanden etwas an, und er habe das volle Recht, auf übergriffige Fragen falsche Antworten zu geben. Es war keine ganz neue Position, Johnson dachte sie sich nicht ad hoc zu seiner eigenen Entlastung aus: Er hatte Bill Clinton öffentlich verteidigt, als dem US-Präsidenten wegen unwahrer Aussagen über sein Verhältnis mit einer Praktikantin im Weißen Haus der Impeachment-Prozess gemacht wurde. Die Tory-Führung freilich konnte Boris von seiner Theorie der gerechtfertigten Sexualnotlüge nicht überzeugen. Er wurde als Kultursprecher der Partei gefeuert.

Dafür avancierte er zum Helden eines Theaterstücks. Zwei Kritiker des *Spectator*, seines eigenen Magazins, brachten eine Farce unter dem Titel «Wer ist der Papa?» auf die Bühne, in der die gesamte Zeitschrift als sexverrückt und Johnson als Direktor dieses Triebzirkus dargestellt wurden, Kopulation im Besen-schrank eingeschlossen. Das Stück wurde in einem Privatthea-ter im Norden Londons sechs Wochen lang vor ausverkauftem Haus aufgeführt, und beinahe wäre es danach noch im West-end weitergespielt worden. Die politisch-intellektuelle Klasse der Hauptstadt amüsierte sich glänzend auf Johnsons Kosten. Als Vorgesetzter sah er von Vergeltungsmaßnahmen gegen die beiden Autoren ab, großzügig oder einfach nur resigniert: «Ich hatte immer die Vorahnung», schrieb der Chefredakteur seinen Mitarbeitern, «dass mein Leben zur Farce werden würde, und ich bin froh, dass das Textbuch zwei so distinguierten Literaten anvertraut wurde.»

Die düsteren Nachrichten von der offiziellen Karrierefront liefern allerdings kein vollständiges Bild der Lage im «Boriversum». Unabhängig vom Auf und Ab seiner parlamentarischen Existenz hielt Johnsons Popularität stand und wuchs weiter; er war nicht nur für einen Hinterbänkler beispiellos bekannt, sondern genuin beliebt, in einer zugleich enthusiastischen und humorvollen Weise, die Berufspolitikern sonst nicht zuteil wird. Seine Biographin Sonia Purnell nennt als Beispiele die Existenz eines Fanclubs an der Universität Durham (Vereinszweck: «die Bewunderung, Propagierung und Diskussion Boris Johnsons») oder die Tatsache, dass ein Marketingunternehmen namens *Superbrands* ihn zusammen mit dem Schauspieler Johnny Depp und den Stereoanlagen der Firma Bose auf einer Liste der coolsten Personen und Gegenstände der Welt platzierte. Sogar hoffnungsvolle Spuren von Ernsthaftigkeit zeigten sich schließlich: Als Boris 2005, unter dem neuen Parteichef David Cameron, zum zweiten Mal in die Schatten-Regierungsmannschaft der Konservativen berufen wurde, jetzt als Hochschulsprecher, arbeitete er sich recht gründlich in sein Dossier ein und erwarb sich einigen Respekt im universitären Milieu. Vielleicht ließ sich mit diesem schwer kontrollierbaren Exzentriker doch noch etwas politisch anfangen. Nur was?

Als geniale Lösung für das Boris-Problem erwies sich Johnsons Kandidatur für das Amt des Londoner Bürgermeisters, die er

2007 ankündigte. Es war ein immens prominenter, sichtbarer Job: Nur die Präsidenten von Russland und Frankreich werden in Europa von mehr Menschen direkt gewählt. Zugleich lag City Hall, der Amtssitz des Bürgermeisters, nicht nur topographisch auf der anderen Seite der Themse, sondern auch politisch in beruhigendem Sicherheitsabstand vom nationalen Machtzentrum in Westminster und Whitehall. Die Aufgabe war genau die richtige Verwendung für einen begabten Außenseiter, dem die Parteiführung weder in puncto Kompetenz noch bei der Linientreue komplett traute. Bei alledem hatte die Tory-Elite um Cameron ein echtes, starkes Interesse an Johnsons Erfolg: Die Eroberung der Labour-regierten, strukturell linken britischen Hauptstadt sollte das Vorspiel für einen Sieg der Konservativen bei der nächsten Parlamentswahl werden. (Exakt so geschah es dann auch.)

Der Kandidat bekam alle Unterstützung, die er brauchte (unter anderem in Gestalt eines robusten, aus Australien importierten Strategieberaters, der Johnson seine Unpünktlichkeit und allgemeine Schlamperei austrieb und ihm *message discipline* beibrachte). Gleichzeitig erhielt er die nötige Freiheit, vom konservativen Dogma abzuweichen, um sein liberales Metropolenpublikum anzusprechen. Johnson verlangte entgegen der Tory-Parteilinie eine Amnestie für illegale Einwanderer, nicht ohne bei dieser Gelegenheit an seine eigene teil-türkische Herkunft zu erinnern. Er verband solche Fortschrittssignale mit ebenso charakteristischen Einsprengseln altenglischer Romantik, indem er etwa die Einführung neumodischer Gelenkbusse auf Londons Straßen beklagte und eine Rückkehr zum klassischen doppelstöckigen *Routemaster*-Modell mit offener rückwärtiger Plattform zum Ein- und Aussteigen ankündigte. Das bewährte, «harte» *Law-and-Order*-Thema der Konservativen kombinierte Johnson mit «weicherem» sozialpolitischem Problembewusstsein, indem er sich auf die Jugendkriminalität konzentrierte.

Zum ersten Mal brach allerdings auch der Hass auf den privilegierten Spieler Johnson, den es neben dem Boris-Knuddelfaktor in der englischen Öffentlichkeit immer auch gab, mit voller Wucht und Macht hervor. Labour und der amtierende Bürgermeister, der prominente Linke Ken Livingstone, stellten Johnson als ideologischen Rechten und als substanzlosen Clown dar (was allerdings, wenn man sich die Sache überlegte, nicht gut beides gleichermaßen stimmen konnte). Der *Guardian*, das Zentralorgan des progressiven Großbritannien, publizierte am Wahltag unter der Schlagzeile *BE AFRAID, BE VERY AFRAID* fünf Seiten mit Angriffen auf den Kandidaten: «So unglaublich es scheinen mag, Boris Johnson hat eine echte Chance, heute zum Bürgermeister von London gewählt zu werden. [Die *Guardian*-Autorin] Zoe Williams und andere Londoner malen sich aus, wie es wäre, wenn dieser reaktionäre, verlogene Narr aus Eton unsere diverse und liberale Stadt in die Hände bekäme.» Von Alan Rickman und Vivienne Westwood bis zu einem Schulbusfahrer und dem vierundzwanzigjährigen Graphikdesigner Dave erklärte das anständige, fortschrittliche London, dass es nicht von Boris Johnson regiert werden wolle.

Selbst bei manchen der vom *Guardian* zusammengetrommelten Anti-Boris-Testimonials allerdings fiel ein unterdrücktes Lächeln, eine halb verborgene Versöhnlichkeit auf: es war schwer, sich zu voller, zornbebender Empörung über diesen Kandidaten aufzuraffen. Johnsons Frechheit, seine Unseriosität und Unzuverlässigkeit, die ihm in seiner eigenen Partei immer schnell zum Handicap werden konnten, stellten im respektlosen London auf einmal einen Vorteil dar. Sie wurden als eine Art impliziter Garantie für Offenheit und Toleranz genommen: dass Johnson so offensichtlich ein schlechter Konservativer war, machte ihn schon beinahe zu einem guten Liberalen. Die kosmopolitische, kulturrevolutionäre, avantgardistische Weltstadt hätte einen seriösen, zuverlässigen Tory gerade nicht zum Bürgermeister gemacht. Mit Boris dagegen konnte sie sich, wie der *Guardian* gefürchtet hatte, tatsächlich anfreunden – und wählte ihn am 1. Mai 2008 zum Bürgermeister.

Johnsons greifbare Leistungen in seinen acht Jahren als Stadtoberhaupt halten sich in überschaubaren Grenzen. Die *Boris bikes*, die von ihm eingeführten Leihfahrräder, die man für spontane Trips an Station A losmachen und an Station B wieder abstellen kann, gibt es noch immer. Boris selbst ließ sich dauernd beim Fahrradfahren fotografieren, filmen, sehen und von Passanten ansprechen, was vor allem kluge Politik war: «Es ist eine sehr gute Art für einen Konservativen, seine Gegner plattzumachen», stellte er 2012 fest. «Die Leute sind einfach verblüfft, wenn man sich als militanter Radler entpuppt. Sie verbinden das mit windhundbeinigen, rastalockigen Anarchisten.»

Die Olympischen Spiele, die er im Sommer 2012 mit so viel Begeisterung in seiner Stadt beherbergen sollte, hatte noch sein Vorgänger eingeworben. Johnson war es, der die Sprache und das *branding* für die Spiele schuf, der ihren Internationalismus zu einem Selbstausdruck des multikulturellen London erklärte – und dieses London wiederum zum Vorbild und Muster für das globalisierte 21. Jahrhundert. «Wenn ich auf die Straßen von London blicke», hatte er schon 2007 bemerkt, «sehe ich eine Zukunft für den Planeten, ein Modell von Kooperation und

Harmonie zwischen den Rassen und Religionen, wo Barrieren niedergelegt werden kraft Toleranz, Humor und Respekt – sodass man weder bornierten Vorurteilen nachgibt noch der kleinlichen Balkanisierung durch die Ethnogruppen-Industrie.»

Die Olympischen Spiele wurden in Johnsons Rhetorik die symbolische Realisierung dieses Traums. Und sie wurden zum Paradebeispiel für einen offenen, unvölkischen Patriotismus. Der Läufer Mo Farah, in Somalia geborener zweifacher Goldmedaillengewinner für das Team UK, so Johnson, sei so britisch wie eine Bulldogge, ein verregneter Feiertag oder ein *Beefeater*, einer der mittelalterlich gewandeten Zeremonialgardisten im Tower von London. «Was sagt *Migration Watch*, die Anti-Einwanderungs-Organisation», fragte Boris schneidend, «zur Ankunft von Mo Farah? Würden sie ihn draußen gehalten und dieses Land um zwei Goldmedaillen und ein Sportereignis gebracht haben, das die Nation zusammengeführt hat? Wir warten noch auf ihre Stellungnahme.»

Die ökonomische Grundlage des modernen London, seine international operierende Finanzindustrie, hatte Boris geerbt. Er hat sich die Sache der Branche danach allerdings mit Feuereifer zu eigen gemacht – und zwar ausnahmsweise fast ohne Rücksicht auf den Zeitgeist und die öffentliche Zustimmung. Seit der Finanzkrise von 2008/9 waren die Banken mit ihren riskanten Spekulationen und astronomischen Entlohnungen auch im Vereinigten Königreich unter massiven öffentlichen Druck gekommen. Überall wurde nach strengerer Regulierung der Geldwirtschaft verlangt. Johnson widersprach. «Ich weiß», erklärte er im Herbst 2009 auf dem Parteitag der Konservativen, «wie unpopulär diese Banker sind. Ich weiß, was ich riskiere, wenn ich mich für diese Parias einsetze. Aber vergesst nicht, alle ihr Möchtegern-Banker-Basher, dass die Kolonie von Aussätzigen in der Londoner City neun Prozent des britischen Bruttosozialprodukts hervorbringt, dreizehn Prozent der Wertschöpfung – und Steuern, die Straßen und Schulen und Krankenhäuser überall in diesem Land bezahlen.»

Er drängte die Tories, bei einem Wahlsieg sofort den Höchststeuersatz von fünfzig Prozent abzuschaffen, den die Labour-Regierung für Jahreseinkünfte von mehr als 150 000 Pfund eingeführt hatte. Für Parteichef David Cameron, der den Konservativen ein sozialeres, «mitfühlenderes» Image geben wollte, waren solche Interventionen des Londoner Bürgermeisters zugunsten der Großverdiener peinlich und schädlich. «Boris Johnson», konnte der finanzpolitische Sprecher der gegnerischen Liberalen schadenfroh bemerken, «ist das inakzeptable Gesicht des Kapitalismus. Er will niedrige Steuern und laxe Regulierung für die Banker, die Großbritannien in die Knie gezwungen haben – und ‹mitfühlende› Sparmaßnahmen für alle anderen. Cameron muss jedes Mal leidend das Gesicht verziehen, wenn Boris seinen Mund aufmacht.»

Wieder und wieder hat Johnson über die Jahre hinweg die unbeliebte Finanzelite verteidigt. Das war erst einmal pragmatische Interessenpolitik des Bürgermeisters: Er wollte Londons potentesten Wirtschaftszweig nicht schwächen oder seine Repräsentanten verärgern. Es werden auch weniger vorzeigbare, schlicht eigennützige Beweggründe dahintergestanden haben: Johnson bekam den größten Anteil seiner Wahlkampfspenden aus der City, aus dem Milieu der Finanzfirmen. Fahrradfahrer hin, Einwandererfreund her, bei aller Unkonventionalität war Boris immer noch ein Tory, und die Tories bleiben die Partei des Geldes. Er stand zu den Leuten, die es hatten – und ihm gaben.

Doch verrät die Parteinahme für die verhassten Superreichen noch mehr: Sie ist ein Schlüssel zu Johnsons Freiheitsverständnis, zu seinem Ideal eines opulenten, pluralistischen, neidfreien Großstadtlebens, wie er es in der Londoner Bürgermeisterzeit zu seinem Lieblingsthema machte. Toleranz für den unverschämten Reichtum und Toleranz für das Anderssein der Außenseiter sind aus dieser Perspektive zwei Seiten derselben Medaille, beides Spielarten des urbanen Respekts für soziale und kulturelle Vielfalt. Zur Buntheit der Metropole gehört der Jaguar des Investmentbankers nicht weniger als der Drahtesel des «windhundbeinigen, rastalockigen Anarchisten»: ihre Koexistenz erst markiert den Unterschied zur langweiligen Homogenität der Provinz. Johnson, der keine Lust hat, sein eigenes Leben beschnüffeln und maßregeln zu lassen, lehnt instinktiv auch das Zu-Gericht-Sitzen über die Eigenheiten anderer Leute ab, über ihren Glauben, ihre Sitten – oder eben über ihre Einkünfte. Die Ablehnung von Puritanismus, Tugendterror und zensurhafter Missgunst ist im moralischen «Boriversum» der Affekt, der einem ernsthaften, unbedingten Glaubensbekenntnis am nächsten kommt.

Im Frühsommer 2012, vor dem Beginn der Olympischen Spiele, macht der Bürgermeister einen Besuch in New York, von Weltstadt zu Weltstadt gewissermaßen, um London, sein neues Buch und überhaupt die eigene Marke zu promoten, ob in dieser Reihenfolge, steht dahin. Johnsons Ruhm verbreitet sich längst auch in den Vereinigten Staaten, die immer hungrig auf «typisch englische» Exzentrik sind. Ein Autor des Magazins *New York* trifft ihn für ein Porträt und hat prompt das gewünschte unamerikanische originelle Erlebnis, das er mit seinem eigenen Stadtoberhaupt, dem managerhaften, stets von professionellen Assistentenscharen umgebenen Michael Bloomberg nicht hätte haben können: «Der Bürgermeister von London, Boris Johnson, kommt durchgeschwitzt an, in einem zerknitterten dunkelblauen Anzug und mit dem Rucksack eines nerdigen Mittelstufenschülers, begleitet nur von seiner hübschen Literaturagentin, Natascha.» Der Plan für den Nachmittag ist, natürlich, eine gemeinsame Radtour gewesen, aber das schwüle Wetter stört, und da Boris seinen Anzug am kommenden Tag noch für seinen Auftritt bei der «Daily Show» braucht, fällt die Tour aus. Johnson: «Wir tun einfach so, als hätten wir es gemacht. Und wenn jemand fragt, lügen wir.»

Auch sonst ist Boris in guter Form. Er definiert sich politdenkerisch als «libertären Anarcho-Tory» und legt seinem Gesprächspartner in anschaulicher Kurzform seine Metropolenphilosophie dar («ein heimliches Wahlprogramm»). Sie geht so:

Alles dreht sich «um Prestige. Was Leute motiviert. Wir gehen in die Städte, weil es da ein größeres Spektrum von Mädchen an der Bar gibt, größere reproduktive Auswahl. Nummer eins. Nummer zwei ist: bessere Ergebnisse in puncto Gesundheit und Reichtum. Heute ist uns auch noch die Umwelt wichtig, und Städte sind besser für die Umwelt. Vor allem aber gehen begabte Leute wegen des Ruhms in die Städte. Sie können in einem Scheißdorf nicht berühmt werden.» Johnson zitiert an dieser Stelle erst einen Dichter aus dem 17. Jahrhundert, dann den viktorianischen Staatsmann Benjamin Disraeli, der zu einem anderen Parlamentarier bemerkt hat: «Wir sind hier für den Ruhm.» Eine Stadt, fährt Boris fort, «bietet, durch die schiere Konzentration von Menschen, die phantastischste Gelegenheit, diese Bestätigung zu bekommen – und das ist es, worum es geht. Der Grund, dass so viele Ideen in Städten produziert werden, ist nicht nur, dass Leute einander gegenseitig befruchten; der Grund ist, dass sie einander übertreffen wollen. Sie wollen berühmter werden als der andere.»

Typisch Boris: Wie so oft steckt im Halbgeblödel seine ganze wahre Weltanschauung, verborgen in kompletter Offensichtlichkeit. Dies ist wirklich Johnsons Großstadtphilosophie, und außerdem ist es natürlich ein Selbstporträt. Um das ganz zu verstehen, muss man allerdings New York und London für einen Augenblick verlassen – und 2500 Jahre in die Vergangenheit reisen, ins antike Athen. Es ist Zeit, dass wir uns mit den Quellen und Hintergründen von Boris Johnsons Denken beschäftigen. Und das heißt zuerst einmal: mit seinem Bild vom alten Griechenland.

KAPITEL 4

DER MODERNE
ALTGRIECHE

Ich habe», gestand der Bürgermeister von London 2014 in einer
Rede, «meine Jugend vertan. In einer Phase, in der die meisten
Heranwachsenden *Grand Theft Auto* spielten oder zehn inter-
essante Fakten über Pamela Anderson herausfanden, habe ich
mich, fürchte ich, allein in die U-Bahn gesetzt – mit ungefähr
dreizehn – und das Britische Museum besucht. Ich bin zwischen
den katzenköpfigen Ägyptern, den bocksfüßigen Babyloniern,
den schreibmaschinenbärtigen Assyrern und all den anderen
wilden und lächerlichen vorderorientalischen Gottheiten hin-
durchmarschiert, bis ich in den innersten und heiligsten Schrein
von Londons größtem kulturellem Tempel gelangte»: die Galerie mit den *Elgin Marbles*, den klassischen Marmorreliefs von
der Akropolis in Athen, die Anfang des 19. Jahrhunderts durch
den schottischen Diplomaten Lord Elgin in die britische Hauptstadt gebracht worden waren (und die das moderne Griechenland seit langem vom Vereinigten Königreich als unrechtmäßig
erworbenen Besitz zurückfordert).

«Du betrittst diesen Raum», erzählte Boris Johnson, «und du
fühlst, dass du in einer neuen und besseren Welt bist. Du hast
die totalitären Tyranneien hinter dir gelassen, mit ihren steifen

und roboterhaften Prozessionen von Gefangenen, ihren ge-
sichtslosen Armeen, ihren Szenen von Erniedrigung und Mas-
saker und kopflosen Leichnamen, die (*plus ça change*, leider) in
den Tigris geworfen werden.» Dagegen sind die griechischen
Figuren auf dem Panathenäen-Fries, der den großen Festzug zu
Ehren der Stadtgöttin Athens darstellt, lebendig, human und
persönlich: «Du siehst, dass der eine Stiefel trägt, während der
andere sich für den großen Tag für Sandalen entschieden hat,
dass hier einer sich an den Kopf fasst und dort einer Schwierigkeiten mit einer widerspenstigen Kuh hat; und dir wird klar,
dass im Schwung der Hüften und der unverwechselbaren Aus-
arbeitung des Nackens die Bildhauer etwas Neues zu sagen versuchten: dass diese Leute die wirklichen Menschen von Athen
sein sollten, genauso wichtig wie die Götter auf dem Olymp
selbst. Nach Jahrhunderten unterwürfigen Bebens vor Fisch-
göttern und Kuhgöttern und Himmelsgöttern siehst du den
Auftritt des Individuums – endlich mitten auf der Bühne in der
Geschichte der Menschheit.»

«Auf eine vage Weise war ich als Teenager im Stande, dies zu
verstehen», so Johnson – doch Jahrzehnte später staunt er noch
immer über die «Supernova» der Geistesexplosion in der Metropole des klassischen Griechenland: «die blasphemischen Dis-
kurse der Philosophen, die unanständige Satire der Komödien-
schreiber, die leicht perversen psychologischen Analysen der
Tragödiendichter, die Überlegungen des Aristoteles zum Sexual-
leben der Tintenfische». Wie war dieses abenteuerliche intellektuelle und künstlerische Wunder in einer einzigen Stadt möglich,
auf engstem Raum und in kurzer Zeit, wie konnte das antike
Athen während ein paar Jahrzehnten im 5. und 4. Jahrhundert
vor Christus so phantastisch produktiv und gedankenkühn sein?

Boris Johnsons Antwort lautet: Weil es wie das moderne London war. Eine demokratische Gesellschaft, die Autorität und Prominenz unter den ständigen Druck einer wachsamen Öffentlichkeit setzte und so in Schranken hielt. In Athen existierte dafür die Einrichtung des «Ostrakismos», des «Scherbengerichts»: einmal im Jahr konnte jeder Bürger den Namen eines Politikers, dessen Macht ihm unheimlich wurde, in eine Tonscherbe ritzen – und wem mehr als 6000 Landsleute auf diese Weise das Misstrauen aussprachen, der musste für zehn Jahre ins Exil gehen, egal, wie groß seine Verdienste sein mochten. Wie das London des 21. Jahrhunderts war das klassische Athen neugierig und offen, mit exzellenten Karrierechancen für Migranten: ausländische Starintellektuelle konnten ein Vermögen machen (die «Sophisten», wie die hochbezahlten Weisheits- und Rhetoriklehrer im alten Griechenland hießen), und selbst unter den Handwerkern beim Tempelbau auf der Akropolis waren die eigenen Bürger in der Minderheit – die Arbeit an diesem Nationalheiligtum, so Johnson, wurde zu großen Teilen von Einwanderern erledigt, wie heute in England von Polen oder Südafrikanern. Xenophobie und Protektionismus kannte die Antike auch: nach diesem System funktionierte Sparta, die große Rivalin und bittere Gegnerin Athens im verheerenden «Peloponnesischen Krieg». Und wenn ihr, erklärte Johnson seinen Hörern, heute nach Sparta fahrt und euch nach eindrucksvoller Architektur umseht und nichts findet, weil die Spartaner vor lauter sittenstrenger, militaristischer Borniertheit keine nennenswerte Kultur hervorgebracht haben – dann begreift ihr, dass die Angst vor dem Neuen, Fremden und Anderen ein verlässliches Rezept für Sterilität und Mittelmäßigkeit ist.

Athen war im Gegensatz zum puritanischen Sparta eine vergnügungssüchtige Stadt, mit einer phantastischen Unterhaltungsindustrie, die zum ersten Mal in der Weltgeschichte den Kulturkonsum staatlich subventionierte (die Bürger bekamen für den Theaterbesuch ein Tagegeld gezahlt). Es war keine Stadt für Spießer, hier wurde nicht kleinlich moralisiert; man amüsierte sich, wie Johnson mit Wohlgefallen feststellte, «praktisch nackt auf alkoholisierten Partys in einer Weise, die massenhaft auf pornographischen Vasenbildern dargestellt ist». Zugleich war Athen, genau wie die moderne Kapitalismuskapitale London, ein Schauplatz gnadenloser Konkurrenz, von den Rednern in der Volksversammlung, die vor den Bürgern ihr rhetorisches und politisches Schaulaufen abhielten, bis zu den Stückeschreibern, die ihre Dramen in öffentlichen Wettbewerben aufführten, mit dem Publikum als qualitätsverwöhntem Preisgericht. Der Ehrgeiz, so Johnson, war der nukleare Brennstab, der den ganzen Materiehaufen erwärmte und ihm die kritische Masse verschaffte. «Die Griechen wetteiferten um Ehre, um Prestige, und das haben die Londoner durch alle Zeiten hindurch auch gemacht. Shakespeare ist nicht Shakespeare geworden, indem er in Stratford allein in einer Mansarde gesessen hat, mit seinem Federkiel hinter dem Ohr. Er ist nach London gekommen und hat mit Dekker und Marlowe und Fletcher um die Wette Hintern auf Theatersitze platziert – und der Teilchenbeschleuniger fing an zu zittern, und er ist der größte Autor aller Zeiten geworden.»

Ein Paradies des kompetitiven Hedonismus oder der lustorientierten Konkurrenzgesellschaft: das war Boris Johnsons Ideal der modernen Stadt, im Grunde des modernen Lebens überhaupt, und es stammte geradewegs aus dem griechischen Altertum. Eigentlich aus einem einzigen klassischen Dokument: der sogenannten «Grabrede» des athenischen Staatsmanns Perikles, die der Historiker Thukydides überliefert hat – eine Ansprache, die dieser politische Führer während des Krieges gegen Sparta zu Ehren seiner gefallenen Mitbürger gehalten hat und in der er ein mitreißendes propagandistisches Panorama des freiheitlichen, glorreichen *Athenian Way of Life* entfaltete. Perikles war der Stratege und Regisseur von Athens Blütezeit, unter seiner Ägide wurden die prachtvollen Tempel der Akropolis errichtet, arbeiteten in der Stadt die brillantesten Künstler und Denker ihrer Zeit, regierte zum ersten Mal in den Annalen der Menschheit ein Volk sich selbst. Perikles' Ansprache für die Gefallenen, sein «Epitaphios», ist eine der epochemachenden Reden der Weltgeschichte, wie Abraham Lincolns *Gettysburg Address* im Amerikanischen Bürgerkrieg oder Winston Churchills Durchhalteappelle während des britischen Kampfes gegen Hitler. Für Boris Johnson ist diese 2500 Jahre alte Rede das wichtigste politische Manifest, sein eigentliches Credo, mehr als jede neuzeitliche Staats- oder Sozialphilosophie.

Schon in seiner Zeit als Chefredakteur des *Spectator* schmückte eine Büste des Perikles Johnsons Büro. Immer wieder hat er den Führer des demokratischen Athen als Inspiration und Vorbild genannt. Selbst für die Verkehrspolitik beruft er sich auf das alte Griechenland: Wie die Athener im frühen fünften Jahrhundert den Hafen Piräus gebaut und sich damit die Handelsvormacht in der Ägäis gesichert haben, so brauchen wir heute in London einen neuen Flughafen. Das ist natürlich schon wieder halbe Albernheit. Aber an Boris' absoluter Bewunderung für das klassische Hellas und seinen klassischsten Politiker gibt es keinen Zweifel. Gleich in seiner ersten Online-Sprechstunde

als Premierminister auf *Facebook Live*, in der er einem aus-
gewählten Social-Media-Publikum Rede und Antwort stand,
holte Johnson auf die Frage nach seinem politischen Helden
sofort wieder den unvermeidlichen Perikles hervor.

In diesem Internet-Dialog mit Bürgern und Wählern be-
gründete Johnson seine Begeisterung natürlich politisch streng
korrekt mit dem Einsatz des alten Atheners für das Wohl der
Bevölkerung («er glaubte definitiv an große Infrastrukturpro-
jekte») und mit seiner demokratischen Gesinnung. Perikles, so
Boris während der *Facebook*-Audienz, war davon überzeugt,
«dass das Volk letztlich Herr seines eigenen Schicksals ist» – eine
Formulierung, mit der er seinen griechischen Heros zu einer
Art antikem Ahnherrn des Brexit-Slogans *Take Back Control*
erklärte. Aber mindestens so aufschlussreich und vielsagend
wie diese ganzen unverdächtigen Menschenfreundlichkeiten
ist in Johnsons Perikles-Kult der wesentlich weniger leicht ver-
dauliche, nämlich hochgradig elitäre und marmorkalte Komplex von Wettbewerb, Ehrgeiz und Prestige.

Bei aller demokratischen Popularität war nämlich Perikles
geradezu besessen vom Gedanken der Exzellenz: Von allem,
was man im Leben erstrebt, meinte er, «wird allein die Liebe zur
Ehre niemals alt». Diese Obsession mit Leistung und Ansehen
ist keine individuelle Marotte, sie ist typisch für das alte Griechenland, sie ist im Grunde die DNA der gesamten griechischen
Zivilisation. Von den Olympischen Spielen der Athleten bis zu
den Sängerwettbewerben der Dichter wurde im antiken Hellas
so gut wie alles als Konkurrenz betrieben – und der Ruhm, der
dem Sieger winkte, galt als das höchste Gut, das ein Mensch
überhaupt erlangen kann, im besten Fall als seine Eintrittskarte
in die Unsterblichkeit des Mythos, der Poesie oder der Geschich-

te. Man begegnet dieser extremen Leistungs- und Prestige-Ethik schon im ältesten literarischen Zeugnis der griechischen Kultur: in Homers «Ilias», seinem Epos über den Trojanischen Krieg. «Immer der Beste zu sein und die anderen zu übertreffen», lautet, in einem programmatischen Vers zusammengefasst, die Losung, nach der die homerischen Helden leben, kämpfen und sterben. Es ist, trotz ihrer heroischen Schönheit, eine ziemlich unbarmherzige Welt, unter der Herrschaft von spielerisch distanzierten Göttern und einem unerbittlichen Schicksal. Sich in diesem tragischen Daseinskampf tapfer zu schlagen und am Ende mit noblem Ruf in die Unterwelt einzugehen, in das trübe, ewige Reich der Schatten – das ist die beste Hoffnung des Menschen.

Es wirkt absolut frappierend, in welchem Maße Boris Johnson, als Mensch des 20. und 21. Jahrhunderts, dieses Lebensgefühl und diese Weltanschauung teilt, wie komplett und bewusst er sie sich zu eigen macht. Sein Bekenntnis zum Ruhm als ultimativer Triebfeder, das wir am Ende des vorigen Kapitels kennengelernt haben, könnte exakt von Perikles oder von einem der homerischen Troja-Krieger stammen. Die Tageszeitung *Daily Mirror* hat im Jahr 2009 prominente Briten nach ihren Lieblingsbüchern befragt. Johnson hat sich, wie wir gesehen haben, eine verdiente Reputation für Blödelei auf hohem Bildungsniveau erarbeitet, und so hätte man vielleicht erwarten können, dass er einen der berühmten komischen Romane der englischen Literatur nennen würde, einen Band von Evelyn Waugh oder von P. G. Wodehouse, dem Schöpfer des göttlich dussligen jungen Gentlemans Bertie Wooster und seines überirdisch geisteshellen Butlers Jeeves. Es sind Autoren, die Johnson immer wieder gepriesen und gefeiert hat, die natürliche Fortsetzung der humoristischen Schülergeschichten, die den Prototypen des Boris-Bengels geliefert haben. Nichts hätte so gut zu seiner Marke gepasst, nichts hätte ihm so viel Sympathien eingetragen wie die Nennung eines solchen komödiantischen Klassikers.

Doch in seiner Antwort auf die *Daily Mirror*-Umfrage übersprang er allen Jux und platzte mit monumentaler Seriosität heraus, mit einem Glaubenszeugnis in Gestalt eines Literaturtipps: «Mein Lieblingsbuch ist die ‹Ilias› von Homer, denn sie sagt einem alles, was man wissen muss, über Leben, Tod und die Notwendigkeit des Scheiterns.» Alles, was man wissen muss: das ist für Johnson offenbar die Wahrheit, dass auf Erden nur der Sieg zählt, dass aber selbst nach dem Sieg schließlich doch unweigerlich der Untergang kommt. Es war, als würde er seine weltliche, diesseitige Bibel vorstellen.

Wir hatten den tragischen Leistungsaristokratismus, den Boris Johnson aus der Antike übernimmt, «elitär» genannt, aber das klingt letztlich zu banal, zu platt klassenmäßig und politisch. Im Grunde geht es hier nicht um sozialen Status, sondern wirklich um ein Weltbild – und die einfachste, klarste Definition dieses Weltbilds wäre: Es ist keine Spur von Christlichkeit darin. Nichts von Gnade, Vergebung, Barmherzigkeit; nichts von einer anderen, wärmeren Sphäre, die der eisigen Zone der Konkurrenz gegenübersteht, ihr Grenzen setzt und sie in Frage stellt. Nichts von einer Gegenwelt, in der anders gerechnet und anders gewertet wird, in der nicht gilt: «Immer der Beste zu sein und die anderen zu übertreffen.» Sondern: «Die Letzten werden die Ersten sein, und die Ersten werden die Letzten sein.» Die Maßstäbe und die Sprache der Bergpredigt oder der Zehn Gebote, das ganze moralische und spirituelle Erbe des Alten und

Neuen Testaments finden in Johnsons aktualisiertem antikem Ethos, seinem Neo-Altertum, kein Echo. Es sind nicht nur die orientalischen «Fischgötter, Kuhgötter und Himmelsgötter», von denen dieser moderne Ehrenbürger des perikleischen Athen nichts wissen will, sondern auch der Gott von Abraham, Moses und Jesus. Das «Boriversum» ist ein unbiblischer, vorchristlicher, vielleicht sogar anti-christlicher Kosmos.

Doch warum soll das überhaupt bemerkenswert und wichtig sein? Es ist schließlich keineswegs so, dass man von einem britischen Politiker ausgeprägte Frömmigkeit erwarten würde. Wir reden hier nicht von den Vereinigten Staaten, wo Religion eine prominente Rolle im öffentlichen Leben spielt und ein erklärter Atheist es schwer hätte, in ein wichtiges Amt gewählt zu werden. Auch in Deutschland, wo Vertreter des Klerus in den Rundfunkräten sitzen und Spitzenpolitiker aller Parteien auf katholischen und evangelischen Kirchentagen die Podien bevölkern, ist das Christentum gesellschaftlich deutlich präsenter und einflussreicher als in Großbritannien. Dass Tony Blair als Premierminister ein lebhaftes Interesse an religiösen Themen zeigte, war keineswegs ein Zug, den man ihm zugutegehalten hätte; im Gegenteil: das galt in den Augen seiner Berater als problematische, weil für die Wählerschaft potenziell abschreckende Marotte (weshalb er erst nach seiner Amtszeit den lang gehegten Plan eines Übertritts zur katholischen Kirche umsetzte). Obwohl es eine Staatskirche mit der Monarchin als Oberhaupt hat, ist das Vereinigte Königreich ein durch und durch säkularisiertes Land.

Nur muss man eben nicht gläubig und kein Kirchgänger sein, um Johnsons antikisierende Unchristlichkeit bemerkenswert, irritierend, sogar unheimlich zu finden. Die Provokation, die von einem solchen Weltbild ausgeht, reicht viel tiefer als irgendein Verstoß gegen vielleicht obsolete religiöse Konventionen; sie zielt mitten ins Herz unserer gemeinsamen politischen Kinderstube. Ob fromm oder nicht, in unsere Vorstellungen von einem guten Zusammenleben und einer gerechten Gesellschaft ist unendlich viel Christentum eingegangen – verdünntes, transformiertes, in Moral und Kultur überführtes Christentum, aber Christentum trotzdem, und zwar in allen politischen Lagern. Lebensschutz rechts und Vermögensumverteilung links, die *family values* der Konservativen und die Solidarität der Sozialisten – die scheinbar gegensätzlichsten ideologischen Denkschulen sind gleichermaßen von den Lehren der Propheten, Evangelisten und Apostel beeinflusst. Eine milde, unbestimmte Zivilsationschristlichkeit steht im Hintergrund praktisch jeder Äußerung eines westlichen Politikers, die irgendwie von Werten oder Tugenden handelt. Was auch immer in den öffentlichen Debatten unserer Länder an moralischen Vorstellungen mobilisiert wird: dass man seinem Gewissen gehorchen muss, dass die Menschenwürde unantastbar ist, dass wir Verantwortung für die Linderung von Not tragen – es ist alles, wenn auch manchmal unterirdisch, verbunden mit der biblischen Tradition.

Es wirkt daher wie ein massiver Schock, wenn dieses geheime Vorverständnis unserer Sozialethik aufgekündigt wird. Es ist, als würde einem solchen Lebens- und Gesellschaftsbild das Über-Ich fehlen, eine regulierende und kontrollierende Instanz. Als sei es ohne Halt und Skrupel.

Man muss diesen Punkt im Auge behalten, wenn man verstehen will, warum Boris Johnson sonst vollkommen friedliche und freundliche Leute zu sittlichen Verdammungsurteilen treiben kann, die weit über gewöhnliche, auch scharfe politische Gegnerschaft hinausgehen. Dahinter steht nicht einfach Verärgerung über seine Frivolität: das Gefühl, dass er die Welt und sein eigenes Dasein ungehörigerweise mit mangelnder Ernsthaftigkeit behandelt. Sondern der Verdacht geht viel weiter und ist viel dunkler, er lautet auf eine fundamental amoralische, im Kern nihilistische Existenz.

Nie werde ich das Gespräch mit einer Professorin vergessen, durchaus keiner fanatischen Linken, die ich in ihrem eleganten Stadthaus in Islington besucht hatte, einem unter Intellektuellen beliebten Viertel im Norden von London. Die Akademikerin schien beim Gedanken an Johnson, mit dessen Kreis sie am Rand in Berührung gekommen war, von geradezu metaphysischem Grauen geschüttelt. Noch als ich längst wieder auf dem Weg zur U-Bahn war, hallte mir im Kopf der archaische Schuldspruch nach, mit dem sie den Mann belegt hatte wie mit einem Fluch; sie hatte ihn der «Treulosigkeit» bezichtigt. Gemeint war nicht einfach, dass Johnson alle seine Frauen immer wieder betrogen hatte, es ging nicht um Sexualmoral. Sondern um die komplette Unbedenklichkeit im Verrat; das völlige Fehlen von Hemmungen, die für normale Sterbliche typisch sind; ein Leben ohne Loyalitäten, jenseits von Gut und Böse. Darf man so jemandem die Führung der Staatsgeschäfte anvertrauen? Der Prophetinnenausbruch von Islington hat sich mir deshalb so unauslöschlich eingeprägt, weil da letztlich keine Parteigegnerin sprach, sondern eine Patriotin, die ihr Land mit Schrecken in den Händen eines moralischen Analphabeten oder Außerirdischen sah. In den Händen eines hellenisch inspirierten, in puncto Schuld und Sünde unzurechnungsfähigen Neuheiden.

Es stimmt also durchaus nicht, wie manche fortschrittlichen Altertumswissenschaftler verbreitet haben (wahrscheinlich aus Angst vor der Abstempelung ihrer Disziplin als konservativ), dass Boris Johnson gar kein wirklicher Liebhaber und Kenner der Antike sei. Dass er bloß aus Wichtigtuerei und Bildungs-dünkel lateinische oder griechische Zitate in seine Zeitungsarti-kel und Reden einstreue, ohne tieferes Verständnis für dieses Kulturerbe und ohne echte innere Beziehung zu ihm. Grober Unfug, weit gefehlt, ganz falsch: Boris Johnson ist im Gegenteil außerordentlich intensiv von der klassischen Antike geprägt. Viel intensiver, als es normalerweise ein Altertumsgelehrter zu sein pflegt – nämlich nicht bloß intellektuell, sondern existen-ziell. Die Frage lautet nur, ob diese Prägung eine gute Sache ist.

Der Publizist Freddy Sayers von der konservativen britischen Politik-Website *UnHerd* hat eine der interessantesten Inter-pretationen von Johnsons Antiken-Credo und seinen geistig-moralischen Konsequenzen vorgelegt. Die Schlüsselrolle spielt dabei eine Mentalität und intellektuelle Haltung, die Sayers als «rhetorische Weltsicht» bezeichnet. Das Altertum kennt zwar auch, begründet vom griechischen Denker Platon, den Glauben an absolute, unveränderliche, überzeitliche Wahrheiten als Richtschnur für Erkenntnis und Lebensführung. Das ist die phi-losophische Betrachtung der Wirklichkeit. Mindestens ebenso einflussreich aber ist eine andere, eben die rhetorische Ideen-tradition, die nicht bloß für die in der Antike enorm wichtige Redekunst, sondern auch für weite Bereiche der Poesie und Li-teratur maßgeblich war.

Für die rhetorische Weltsicht existieren keine absoluten Wahrheiten, nur relative Perspektiven. In den griechischen und römischen Rednerschulen kam es einzig und allein auf

Virtuosität an: Man lernte, für die entgegengesetzten Standpunkte einer Kontroverse mit gleicher Überzeugungskraft zu argumentieren. Für die Anklage wie für die Verteidigung, für die Kriegserklärung wie für die Friedensmission, für die Tugenden der Demokratie wie für die Vorzüge der Alleinherrschaft. Man vertrat erst die These, dass die schöne Helena, deren Raub den zehnjährigen Kampf um Troja auslöste, ein unschuldiges Opfer war – und sofort danach, dass sie für dieses grauenhafte Gemetzel die persönliche Verantwortung trage. So, wie es in dieser rhetorischen Welt keine abschließende, allgemeingültige Wahrheit gibt, so gibt es auch kein wahres, echtes Selbst, keine beständige Identität; das Ich ist ebenfalls relativ, variabel und mobil; eine Funktion der Positionen, die es bezieht, und der Rollen, die es spielt. Es ist sinnlos, einen Redner nach seinen eigenen Meinungen und Gefühlen zu fragen; entscheidend sind für ihn die Meinungen und Gefühle, die er in seinen Zuhörern erwecken will. Ich plädiere, also bin ich – und ich bin so, wie ich plädiere.

«Wenige moderne Erziehungswege», notiert Freddy Sayers in seinem Blog, sind mit der antiken Rhetorik «auch nur vergleichbar, aber Boris Johnsons Bildungsgang durch Eton, die humanistischen Studien in Balliol und die *Oxford Union* kommt der Sache wahrscheinlich am nächsten». Er hat auf der Schule und in der Universität nicht bloß Latein und Griechisch gelernt, sondern auch eine spielerische, relativistische Geisteshaltung im Rede- und Diskussionsstil des Altertums, trainiert in Debattenwettbewerben, Deklamationsübungen und frech zugespitzten Aufsätzen. Er hat daraus eine Lebensphilosophie und einen politische Operationsweise gemacht. Johnsons lockeres Verhältnis zur Wahrheit (deutlicher gesagt: sein Hang zur Verlogenheit), seine Grundsatzlosigkeit und persönliche Ungreifbarkeit, das schamlose Den-Leuten-nach-dem-Munde-Reden – das alles ist aus diesem Blickwinkel nicht einfach ein Charakterdefizit oder ein moralisches Versagen. Es ist vielmehr das Wesen der Rhetorik, die keine ewigen Wahrheiten verkündet, sondern ihre Botschaften auf die Situation und auf das Publikum zuschneidet.

Sayers erwähnt eine besonders berüchtigte Episode aus der Laufbahn unseres Helden, die uns im kommenden Kapitel noch beschäftigen wird: seine Unentschlossenheit beim Thema Brexit. Als 2016 das Referendum über den möglichen EU-Austritt der Vereinigten Königreichs herannahte und Johnson sich zwischen *Leave* und *Remain* entscheiden musste, entwarf er zwei diametral entgegengesetzte Artikel für sein Hausblatt *Daily Telegraph*: einen für den britischen Verbleib in der Union und einen für das Ausscheiden. Erst im letzten Augenblick entschied er sich, das Brexit-Plädoyer zu veröffentlichen.

War Johnsons Jonglieren mit den zwei gegensätzlichen Positionen der Gipfel der Willkür und Verantwortungslosigkeit? Oder einfach ein typischer, wenngleich extremer Ausdruck der «rhetorischen Weltsicht», die bei jedem Thema das Pro und Contra sieht und statt dogmatischer Gegenstandstreue ein plastisches, kreatives Verhältnis zur Realität pflegt? Für Sayers ist Johnsons erstaunliche Bewusstseinsspaltung «nicht einfach ein Akt des Zynismus. Seine Erfahrung der Wirklichkeit scheint, durch eine Kombination von Persönlichkeit und Bildungsweg, der von ihm so bewunderten rhetorischen Welt der Antike näher zu stehen, als das bei den meisten Leuten der Fall ist. Es fällt ihm in abnormem Maße leicht, widersprüchliche Positionen einzunehmen, er besitzt ein ungewöhnliches Gespür für die Vielfalt und den fließenden Charakter der Wirklichkeit, und er verfügt über den Glauben, dass Sprache die Macht besitzt, die Zukunft nicht nur zu beschreiben, sondern zu bestimmen.»

Der Autor des Blogs findet das genial und zeitgemäß, genau das passende Modell für eine postmoderne Epoche, die sich von der technokratischen Illusion einer «richtigen» Politik verabschieden sollte. Besteht echte Staatskunst nicht gerade darin, suggestive, vieldeutige Konstrukte zu schaffen, die, exakt nach dem Rezept der Rhetorik, jedem das sagen, was sie oder er hören will? Einwanderungsgesetze, die den Immigrationsfreunden liberal und den Immigrationsskeptikern restriktiv vorkommen? Friedensverträge, bei denen beide kriegführenden Seiten sich als Sieger fühlen? Einen Brexit, den die Antieuropäer «hart» und die Europafreunde «weich» finden? Johnsons manipulatives Spielertum ist aus dieser Sicht das Zeichen wirklicher politischer Meisterschaft.

Wenn es sich nicht doch um reinen, atemberaubenden Nihilismus handelt.

Man kann Boris Johnsons Wahrheits- und Echtheitsverweigerung besonders schön in einem einmaligen Dokument seines Denkens und seiner Phantasien studieren: in dem einzigen Roman, den er (bis jetzt) geschrieben hat. Der Band mit dem Titel «Zweiundsiebzig Jungfrauen» ist 2004 erschienen, in der ersten Wahlperiode, die der Autor als Abgeordneter im Unterhaus absolviert hat. Johnson liebt Kriminalkomödien («Der rosarote Panther» mit Peter Sellars als heillos ungeschicktem Inspektor Clouseau gehört zu seinen bevorzugten Filmen, und er ist ein

Fan der absurd-satirischen Florida-Krimis des Amerikaners Carl Hiaasen), und die «Zweiundsiebzig Jungfrauen», die natürlich vom islamistischen Terror handeln, sind dementsprechend eine Thriller-Farce.

Die Geschichte geht so: Der Präsident der Vereinigten Staaten, auf offiziellem Besuch in London, wird zusammen mit dem gesamten britischen Parlament und dem diplomatischen Corps bei einer festlichen Ansprache im Palast von Westminster von einer Gruppe militanter Muslime als Geisel genommen. Vor den Augen der Weltöffentlichkeit, die über die laufenden Fernsehkameras zugeschaltet ist, findet ein Schauprozess gegen den US-Imperialismus statt, bei dem das globale TV-Publikum, so die Hoffnung der Geiselnehmer, am Ende durch massenhafte Anrufe bei den Sendern rund um den Erdball einen Schuldspruch fällen soll.

Die Angelegenheit läuft allerdings, aus Sicht der Terrortruppe «Bruderschaft der Zwei Moscheen», nicht ganz nach Plan. Das fernsehende Weltpublikum entscheidet sich trotz Ärger über Washingtons Nahostkriege und über die Kolonisierung durch die pappigen Hamburger von McDonald's gegen die Verdammung der Vereinigten Staaten. Und der Anführer der Islamisten, «Jones, die Bombe» (der zwar seine Kameraden, aber nicht sich selbst in die Luft sprengen will und daher im Zündergefummel die Zeit vertrödelt), wird durch einen kraftvollen Hieb mit einem mittelalterlichen Zeremonienmeisterstab außer Gefecht gesetzt. Geschwungen hat den überraschend waffentauglichen altenglischen Schmuckknüppel ein blondschopfiger, fahrradfahrender, skandalgeplagter, prinzipienschwacher Tory-Abgeordneter namens Roger Barlow.

Die «Zweiundsiebzig Jungfrauen» zeigen Johnson wiederholt von seiner pubertärsten Seite; die häufigen Schilderungen weiblicher Vollbusigkeit und genereller Pin-up-haftigkeit wirken wie an die Klotür im Jungeninternat gekritzelt. Gleichzeitig hat der Autor in Roger Barlow ein humoristisches Selbstporträt von erstaunlicher Schonungslosigkeit geschaffen. So beschreibt Johnson, wie der Parlamentarier unter dem strengen Blick seiner jungen amerikanischen Assistentin charakterlich zu Staub zerfällt. Wie kann man, fragt die US-Idealistin nach eingehender Beobachtung ihres Chefs entgeistert, sich einen Konservativen nennen, aber an allen ethisch aufgeladenen Fragen von der Vulgarität des Fernsehprogramms bis zur Schwulenehe komplett desinteressiert sein und sich mit Witzen oder Mogelei vor jeder Festlegung drücken? «Manchmal, so kam es ihr vor, wenn sie Roger über Pornographie oder Abtreibung schwafeln hörte, hatten die Mullahs einen Punkt. Kein Wunder, dass die christlichen Kirchen in permanentem Chaos und Niedergang zu sein schienen und dass der Islam die am schnellsten wachsende Religion in diesem Land war.»

Es dürfte nicht viele Politiker in der westlichen Welt geben, die in einer parodistischen literarischen Selbstdarstellung den eigenen Opportunismus unvorteilhaft mit der Gesinnungsfestigkeit doktrinärer muslimischer Kleriker verglichen haben. Die desillusionierte Mitarbeiterin durchschaut ihren Arbeitgeber bis auf den Grund seiner ideologischen Nichtigkeit, seiner «gallertartigen Fähigkeit, beide Seiten zu sehen»: «Für einen Mann wie Roger Barlow schien die ganze Welt bloß ein komplizierter Witz zu sein, zufällig zusammengeschüttete Zutaten auf der kosmischen Herdplatte, aus denen unsere egoistischen Gene hervorgebrodelt waren. In Barlows Augen konnte man alles immer drehen und wenden, alles ließ sich bestreiten und diskutieren; und Religion, Gesetze, Prinzip, Tradition – das waren nichts als Stöcke, die wir vom Wegesrand abbrachen, um unsere unsicheren Schritte zu unterstützen.»

Doch es ist nicht nur so, dass der Autor seine persönliche Standpunktlosigkeit in Gestalt seines romanhaften Alter Ego in den «Zweiundsiebzig Jungfrauen» ausdrücklich zum Thema macht. Sondern der ganze Roman ist selbst, in seiner Erzählweise, ein Beispiel für Johnsons unausrottbare, alles in den Strudel des Zweifels ziehende Multiperspektivität, für seine Scheu, sich jemals endgültig zu bekennen oder zu entscheiden. So wie die Geschichte ausgeht, mit dem weltmedialen Freispruch der USA und der Erledigung des hochgradig unsympathischen, fanatisch geifernden Oberterroristen, könnte man das Buch für eine Art unterhaltsames Traktat gegen den Anti-Amerikanismus halten. Nur dass der Roman zugleich vollkommen ungeniert mit anti-amerikanischen Klischees arbeitet.

Der Mann vom US-Secret Service, der seine britischen Kollegen mit seiner Supermachtattitüde nervt und tyrannisiert, wird mit dem Psychopathen Oberst Kilgore verglichen, dem durchgeknallten amerikanischen Offizier aus Francis Ford Coppolas Vietnam-Film *Apocalypse Now*, der nichts herrlicher findet als den «Geruch von Napalm am Morgen». In der Wagenkolonne des Präsidenten fahren «die größten Cadillacs, die jemals irgendwer gesehen hatte. Mit ihren hohen Dächern, athletischen Flanken und schussfesten Reifen suggerierten sie in grotesker Weise eine herrschende Klasse, die funktionierende, klimatisierte Version einer diskreditierten sowjetischen Idee». Das ist nicht gerade die übliche Feier der transatlantischen Beziehungen und der *special relationship* zwischen Großbritannien und Amerika: die Vereinigten Staaten zur neuen UdSSR, zur Nachfolgerin des kommunistischen Weltherrschaftsanspruchs zu erklären.

Die Londoner sehen diese US-Übermenschen mit ähnlich zwiespältigen Minderwertigkeitsgefühlen in ihren Staatskarossen vorbeifahren, wie ihre Vorfahren sie den Besatzungsmächten früherer Jahrhunderte und Jahrtausende entgegengebracht haben: «Genauso müssen die Stämme Britanniens Anno Domini 43 an demselben glitzernden braunen Fluss gestanden haben, unsicher, ob sie jubeln oder buhrufen sollten, während die schlammigen Legionen des römischen Kaisers Claudius nach Londinium einzogen, frisch von der Niederwerfung der Atrebaten oder Belgier. Genauso hatten die Sachsen sich in dichtgedrängter Menge versammelt, als an Weihnachten 1066 der normannische Eroberer gekrönt wurde – das Volk machte einen so unklaren Lärm, dass die Ritter die Unruhe für eine Revolte hielten und die Leute niedermetzelten.» Der Autor empfindet für die amerikanische Imperialmacht auf dem Gipfel ihrer Triumphe Faszination und Grauen, Bewunderung und Provokationslust zugleich – und er denkt überhaupt nicht daran, zwischen seinen widerstreitenden Impulsen eine verbindliche, abschließende Wahl zu treffen.

Die Vereinigten Staaten gegen die gedankenlosen, phrasendreschenden Anti-Amerikaner verteidigen, aber sich selbst trotzdem eine gepflegte Portion altabendländischer US-Verachtung gönnen; die EU verhöhnen, aber nicht mit den spießigen Kleinengländern gemeinsame Sache machen, sondern das eigene kultivierte Europäertum herausstreichen; die Vulgärmoderne des Tony-Blair-Zeitgeists geißeln, aber sich zugleich vom Paläokonservativismus der traditionellen Tory-Basis distanzieren: Boris Johnsons Tendenz geht immer dahin, alles haben zu wollen, sich nicht einschränken zu lassen von der lästigen binären Logik, nach der normale Menschen vor der unerbittlichen Frage: «A oder Nicht-A?» stehen. «Seinen Kuchen behalten *und* essen», hat Johnson gelegentlich seine Strategie für die Verhandlungen über das künftige britische Verhältnis zur EU umrissen, im Gegensatz zur banalen, für Langweiler gültigen Lebensweisheit, dass man ein Gebäckstück eben nicht zugleich verspeisen und als Vorrat sichern kann. Boris, sollte die Kuchenmetapher heißen, wollte für Großbritannien nach dem Brexit sowohl maximale Unabhängigkeit von den Regeln des Blocks als auch maximalen Zugang zum europäischen Markt.

Natürlich war das eine phantastische, unmögliche Kombination. Trotz aller schlauen Betrachtungen über die postmoderne Aktualität der «rhetorischen Weltsicht» ist in der politischen Realität Johnsons Traum, alles in der Schwebe zu halten und der Herr der Gegensätze zu sein, nicht zu verwirklichen. Im erfundenen, formbaren, unverbindlichen Universum des Romans dagegen schon. Hier konnte er seinem Bedürfnis nach Selbstwiderspruch und Jonglierfreiheit, seinem unersättlichen Superrelativismus ungehemmten Lauf lassen. Die «Zweiundsiebzig Jungfrauen» sind in diesem Sinne Boris Johnsons persönliche Utopie, eine Wunscherfüllung der totalen Ambivalenz. Das Buch ist kein großes Kunstwerk (wenngleich viel besser, als seine schlechtgelaunten Kritiker wahrhaben wollten, die mit langweiliger Vorhersehbarkeit bloß bei den Ködern der politischen Inkorrektheit angebissen haben). Doch das Werk eines Künstlers ist der Roman in der Tat, nämlich eines von Phantasie und Imagination beherrschten Menschen – und eben darin Boris Johnsons erhellendstes, merkwürdigstes Selbstzeugnis. Denn die Einsicht, die diese «Zweiundsiebzig Jungfrauen» nahelegen, kann nur verblüffen. Sie lautet, dass trotz brennenden Ehrgeizes und enormer Fixierung auf die Macht nicht die Politik der eigentliche Fluchtpunkt dieses seltsamen Geistes ist, die Sphäre, in die er am besten passt – sondern die Fiktion.

KAPITEL 5

DAS BREXIT-DRAMA

Für die englische Europakritik musste man sich lange nicht sonderlich intensiv interessieren. Seit ich denken kann, war sie ein dauerndes Grundrauschen der Politik, ein Stück Folklore wie die bizarre Tatsache, dass die Amerikaner ein Recht aufs Waffentragen beanspruchen oder die Deutschen keine Tempobeschränkungen auf ihren Autobahnen akzeptieren wollen. Dass viele Briten die EU nicht mochten, wirkte wie der Ausdruck einer etwas wunderlichen nationalen Spezialkultur, auf die vernünftige Menschen besser nicht zu viel Zeit und Gedanken verschwendeten. David Cameron, seit 2010 Premierminister, hatte ein paar Jahre zuvor als Oppositionsführer seine Konservative Partei ermahnt, nicht ständig weiter «über Europa daherzudröhnen». In seinen Augen war das eine leicht krankhafte Obsession, die normale Wähler den Tories nur entfremden konnte. Wir haben bei Boris Johnson gesehen, wie das Europa-Motiv, dem er seine frühe Prominenz verdankte, nach seinem Eintritt in die professionelle Politik in den Hintergrund trat. Hauptberufliches Brüssel-Bashing schien in den Jahren um und nach 2000 keine vielversprechende Karrierestrategie zu sein.

Dass die britische Europa-Frage aus ihrem historischen Halbschlaf erwachte, dass sie irgendwann keine Marotte von missvergnügten, unausgelasteten Rentnern mehr war, sondern sich krisenträchtig zuspitzte und die gesamte Gesellschaft erfasste – das habe ich zuerst im Herbst 2013 so richtig begriffen. Ich war in London, um für einen Artikel in der *ZEIT* zu recherchieren, der sich mit der gewandelten Außenpolitik des Vereinigten Königreichs befassen sollte. Während Großbritannien unter Tony Blair einen fast missionarischen Kurs mit militärischen Interventionen von Afrika über den Balkan bis nach Irak und Afghanistan gefahren hatte, war das Land neuerdings (so die Beobachtung, der der Artikel nachging) viel vorsichtiger geworden, voller Misstrauen gegen kriegerische Abenteuer und ein Übermaß an internationalem Sendungsbewusstsein. Ich redete mit Experten und Politikern, darunter Verteidigungsminister Philip Hammond (der später, als Schatzkanzler unter Theresa May und dann als rebellischer Tory-Abgeordneter, ein erbitterter Gegner von Boris Johnsons Brexit-Kurs wurde), und ich besuchte dabei auch Mark Leonard, den Chef des *European Council on Foreign Relations*, einer außenpolitischen «Denkfabrik». Eher nebenbei, da wir uns mehr über entferntere Konfliktschauplätze wie Libyen oder Syrien unterhielten, kam das Gespräch auf das Verhältnis des Vereinigten Königreichs zur Europäischen Union.

Im Sommer 2013 war das «Brexit»-Referendum, das schließlich im Juni 2016 stattfinden sollte, durch Gesetzgebung im Unterhaus förmlich auf den Weg gebracht worden. Premierminister Cameron wollte die Europa-Frage, die seine Konservative Partei seit den späten 1980er Jahren halb verrückt gemacht hatte, endlich beantwortet haben und damit Großbritanniens Stellung gegenüber dem Kontinent abschließend klären. Die Nation sollte Gelegenheit haben, einmal klar und verbindlich zu sagen, ob sie nun in der EU oder draußen sein wollte – und dann würde an dieser Front hoffentlich für die absehbare Zukunft Ruhe herrschen.

Warum schien die Klärung dem Regierungschef plötzlich so dringlich zu sein, warum kam dieser Evergreen der britischen Politikfolklore auf einmal aus der Nische des Nachtprogramms in die Hauptsendezeit? Dahinter, erklärte mir Mark Leonard, steckte ein einfacher, aber brisanter Prozess, wie eine explosive politchemische Reaktion: Das Europa-Thema hatte sich mit dem Einwanderungsthema verbunden. Traditionell war das Für und Wider der britischen EU-Mitgliedschaft zwar ein enormer Aufreger im Tory-Milieu – es war jedoch kein Gegenstand, der wirklich viele Durchschnittsbürger umtrieb. In Umfragen, bei denen die britische Bevölkerung nach den wichtigsten politischen Aufgaben gefragt wurde, landete das Verhältnis zu Brüssel und zur Europäischen Union regelmäßig weit unten auf der Liste. Das war auch der Grund dafür gewesen, dass David Cameron seine Partei 2006 vor dem penetranten, sektenhaften «Daherdröhnen» über Europa gewarnt hatte. Euroskepsis war ein Hobby von wohlhabenden, unterbeschäftigten Eiferern, die sonst keine ernsthaften Sorgen hatten.

Neuerdings jedoch hatte sich dieses Bild geändert: Die EU-Gegner hatten endlich einen Weg zur Popularisierung ihrer bislang ziemlich abseitigen Obsession gefunden: Sie machten die Europäische Union jetzt für unkontrollierte, zahlenmäßig nicht verkraftbare Immigration verantwortlich – und anders als abstrakte Betrachtungen über staatliche Souveränität und nationale Selbstbestimmung war Einwanderung ein höchst konkreter sozialer und politischer Schmerzpunkt. «Europa» war in Großbritannien zu einem Problemkomplex mit echter Massenwirkung geworden.

Seit dem EU-Beitritt der ehemals kommunistischen Staaten Mitteleuropas waren Hunderttausende ihrer Bürger ins Vereinigte Königreich gekommen, um auf Baustellen, in Fabriken und auf Bauernhöfen, viele auch als selbständige Handwerker, zu arbeiten. Die polnischen Klempner und Fliesenleger in London wurden sprichwörtlich. England ist dichter besiedelt als die meisten Länder und Regionen auf dem Kontinent; die Zuwanderung bewirkte nicht nur verschärfte Konkurrenz auf dem Arbeitsmarkt, sondern auch erheblichen Stress für den Wohnungsbau und die öffentliche Infrastruktur von Verkehr, Schulen und Gesundheitswesen. Es gab eine Menge Bürger, denen die vielen Fremden und die mannigfaltigen Folgen ihres Auftauchens unwillkommen und unheimlich waren. Das Vereinigte Königreich erlebte seinen zweiten großen Immigrationsschub seit dem Ende des Zweiten Weltkriegs. Der erste, der hauptsächlich in die 1950er Jahre gefallen war, hatte vor allem Menschen aus dem früheren britischen Kolonialreich in der Karibik, Afrika und Südasien nach Großbritannien gebracht. Die aktuelle Gestalt der Zuwanderung dagegen trug ein stärker europäisches Gesicht – und ließ sich dementsprechend von den Anti-Europäern politisch ausbeuten.

Zum ersten Mal lud sich die hergebrachte, eher bürgerlich gestimmte britische Euroskepsis mit den nationalpopulistischen Energien auf, die auch in vielen Ländern auf dem Kontinent die Migrationsfrage so brenzlig und giftig machten. Der Anti-Europäismus rückte vom Rand ins Zentrum der politischen Auseinandersetzung, und die Funktion, die er übernahm, war die eines generellen Frustableiters. Gegen die EU und die mit ihr verbundene Personenfreizügigkeit zu sein – das war auf einmal keine Stellungnahme in einer Einzelfrage mehr, es hatte das Zeug zu einer Gesamtrepräsentation sozialer Unzufriedenheit.

Denn Großbritannien, das Musterland des Neoliberalismus, war in den 2010er Jahren in eine Phase der Verunsicherung und des Selbstzweifels eingetreten. Seit Margaret Thatcher 1979 Premierministerin geworden war, hatten die beiden großen Parteien, Tories wie Labour, das Land letztlich in dieselbe Richtung geführt: Freiheit vor Gleichheit, Wettbewerb vor Solidarität, Markt vor Staat. Die Sozialdemokraten hatten in der Regierungszeit von Tony Blair einen für europäische Verhältnisse außerordentlich robusten Kapitalismus und einen entsprechend reduzierten Wohlfahrtsstaat akzeptiert. Umgekehrt hatten die Konservativen ihren Frieden damit geschlossen, dass Liberalisierung nicht nur freie Märkte bedeutet, sondern auch neue gesellschaftliche Freiheiten mit sich bringt: etwa eine großzügige Einwanderungspolitik oder die gleichgeschlechtliche Ehe. Das Vereinigte Königreich hatte vier Jahrzehnte eines erstaunlichen liberalen Konsenses hinter sich.

Dieser Konsens wurde jetzt zunehmend in Frage gestellt. Die Entfesselung des Marktes hatte dem Land nicht nur eine dynamische Wirtschaft beschert, sondern auch die gesellschaftlichen Gegensätze enorm vertieft. Ein wohlhabender Süden und ein abgehängter Norden, eine blühende Finanzbranche und eine verkümmerte Industrie, enormer Vermögenszuwachs für Hausbesitzer und unerschwingliche Immobilienpreise für junge Familien, die ihre erste Wohnung kaufen wollen: die britische Sozialökonomie war von tiefen Rissen durchzogen. Auch der Glaube an die Vorzüge einer aufnahmebereiten Migrationspolitik geriet ins Wanken, selbst unter manchen linken und liberalen Intellektuellen. Bei meinem London-Besuch im Herbst 2013 traf ich auch den Autor, Sozialforscher und Politikberater David Goodhart, der seine früheren progressiven Gesinnungsgenossen mit der These schockierte, dass Großbritannien den Multikulturalismus zu weit getrieben und die Pflege einer verbindenden nationalen Identität vernachlässigt habe. Die britische politische Klasse, erklärte mir Goodhart, würde mit ihrem luftigen Globalisierungscredo den Kontakt zum Volk verlieren und müsse sich wieder neu erden. Wenn man genau hinhörte, konnte man in alledem schon die Vorahnungen einer den Status quo erschütternden populistischen Rebellion ausmachen.

Die Europafeindschaft wurde zum Symbolthema und Kristallisationspunkt für die Frustrierten und Zurückgelassenen, die nicht nur mit der massenhaften Einwanderung, sondern überhaupt mit dem schnellen, modernen, liberalen, kosmopolitischen Vereinigten Königreich des frühen 21. Jahrhunderts fremdelten. In den heruntergekommenen Sozialwohnungsblocks und in den uncoolen Kleinstädten mit ihren vom Online-Handel ausgezehrten Geschäftsstraßen stand eine ungehörte, bislang nicht sprachfähige Kohorte von Verlierern bereit, die nur auf eine packende Parole gewartet hatte, um ihren fundamentalen Verdruss über die britischen Verhältnisse zu artikulieren. Die Rebellion gegen Europa und seine Grenzenlosigkeit, gegen die Zerstörung des nationalen Schutzraums lieferte diese Losung. So braute sich die politische Gefühlsmischung zusammen, die schließlich im Juni 2016 im Votum für den Austritt aus der EU überkochen sollte.

Nigel Farage, der demagogisch begabte Vorsitzende der *UK Independence Party* («Unabhängigkeitspartei des Vereinigten Königreichs» – UKIP), nutzte die Anziehungskraft dieses gewandelten, populistischen Anti-Europäismus, um den Konservativen von Premierminister Cameron zum ersten Mal ernsthafte politische Konkurrenz auf der Rechten zu machen. Farage, der als Börsenhändler in der Londoner City gearbeitet hat und persönlich insofern nicht unbedingt zu den Modernisierungsverlierern und Opfern der Globalisierung zählt, pflegt trotzdem erfolgreich ein Image als rustikaler, um die Vorschriften der Gesinnungs- und Gesundheitstyrannei unbekümmerter Kumpeltyp: Am liebsten posiert er vor einem englischen Pub, mit einem Bierglas in der einen und einer Zigarette in der anderen Hand. Dieselbe Verachtung metropolitaner Empfindlichkeiten kultiviert er auch in seinem politischen Denken und Stil.

Vor den Wahlen zum Europäischen Parlament im Mai 2014 musste Farage sich gegen Vorwürfe verteidigen, er sei fremdenfeindlich und rassistisch. Wenn bei ihm in der Nachbarschaft rumänische Männer einziehen würden, hatte er gesagt, wäre er «besorgt». Auf Kritik hin erklärte Farage sich unter anderem in einem «Offenen Brief», den er als ganzseitige Anzeige im *Daily Telegraph* veröffentlichte. «Die große Mehrheit der Rumänen, die ins Vereinigte Königreich gekommen sind», gab der UKIP-Chef zu, «wünschen sich ein besseres Leben und würden gute Nachbarn abgeben». Allerdings müsse man der unbequemen Wahrheit ins Auge sehen, dass das osteuropäische Land den Übergang zu einer vollen westlichen Demokratie bislang nicht geschafft habe. «Wir sollten keiner politischen Union mit Rumänien angehören, mit einer offenen Tür für alle seine Bürger. Wir müssen die Möglichkeit zurückgewinnen, Kriminelle am

Betreten unseres Landes zu hindern, indem wir die Kontrolle über unsere Grenzen zurückgewinnen.» Europa, Einwanderung, Verbrechen – das war der Zusammenhang, den Farage der Öffentlichkeit einhämmerte, und er ließ damit auch in einem Beschwichtigungstext, der offiziell einen Xenophobieverdacht zerstreuen sollte, keinen Augenblick lang nach. Das Spiel mit dem Fremdenhass schadete Farage keineswegs: Bei den 2014er Wahlen zum EU-Parlament erreichte UKIP im Vereinigten Königreich einen sensationellen Stimmenanteil von 26,6 Prozent und demütigte die abgehängten Tories. Für die Konservativen war die demagogisch eingefärbte, mit dem Migrationsthema verknüpfte Europafrage strategisch lebensgefährlich geworden.

So sah die politische Landschaft aus, in der Premierminister David Cameron das Brexit-Referendum 2013 ankündigte, 2015 verbindlich ansetzte und 2016 schließlich durchführte. Das Europa-Problem, so stellte sich dem Regierungschef die Lage dar, konnte nicht länger ignoriert, es musste erledigt werden, wenn man Farage und UKIP nicht die ultimative Waffe zur Zerstörung der Tories in die Hand geben wollte. Sein Plan war, den Partnerländern auf dem Kontinent Zugeständnisse vor allem bei der Freizügigkeit von Arbeitskräften abzuhandeln, auf diese Weise den Migrationsdruck auf das Vereinigte Königreich zu verringern – und für eine so verbesserte britische EU-Mitgliedschaft beim Wahlvolk trotz der populistischen Gegenströmung eine Mehrheit zu bekommen. Auf viel Entgegenkommen bei seinem Verhandlungsversuch stieß Cameron allerdings nicht; vor allem beim Thema Zuwanderung waren Brüssel und die Kontinentaleuropäer zu fast keinen Zugeständnissen bereit.

Der Premierminister musste mit einem praktisch unveränderten EU-Deal für Großbritannien in seinen Referendumswahlkampf ziehen – und das bedeutete ein erhebliches Risiko.

Wenn wir die Gedanken nun wieder zurück zu unserem Helden Boris Johnson lenken, dann erkennen wir, mit was für einem vertrackten Dilemma alle diese Entwicklungen ihn konfrontieren mussten. Johnson hatte seinen Einstieg in die Politik auf seine freche Polemik gegen die Europäische Gemeinschaft gegründet, Europa-Kritik gehörte zu seinem innersten Markenkern – jeder Temperaturanstieg bei der Europhobie bedeutete daher unweigerlich wachsende politische Chancen für ihn. Andererseits: Was war das für eine Anti-EU-Stimmung, die jetzt in seinem Land um sich griff? Sie war missgünstig und ressentimentgeladen, voller verklemmter oder aggressiver Feindseligkeit gegen das Fremde, Ungewohnte und Ausländische; sie war tatsächlich, wie die Kritiker von Nigel Farage zu Recht anprangerten, verwandt mit der kruden, angstgetriebenen Intoleranz des Rassismus.

Das alles stand in direktem Gegensatz zu der kosmopolitischen Großzügigkeit, die Johnson als Bürgermeister des multikulturellen London zur Schau gestellt und zum Programm erhoben hatte. Es stand auch im Gegensatz zu seiner eigenen Spielart von Europa-Kritik, die das Brüsseler Einigungsprojekt ja gerade nicht für seinen Internationalismus attackierte, sondern als trägen, spießigen Integrationskloß, der mit echter, neugieriger, pluralistischer Weltläufigkeit in Wahrheit nichts zu tun hatte. Im «Boriversum» galt die EU als erstickende, gleichmacherische Bürokratie – nicht als brutale Kraft der Veränderung, die ein gemütliches Kleinbritannien durch die Zwangsüberflutung mit polnischen Klempnern und rumänischen Geldautomatenbetrügern terrorisierte. Johnsons ganze gutgelaunte, optimistische, lebensfreundliche Selbstdarstellung ließ sich mit dem neuen politischen Syndrom der Zuwanderungsfurcht schwer vereinbaren.

Der Aufstieg des Farage-Populismus stellte für Boris Johnson deshalb einen zwiespältigen Segen dar, ein vergiftetes Geschenk. Die zunehmend nationalistische Stimmung spielte einem Tory-Politiker mit einer langen Geschichte der Euroskepsis zwar naturgemäß in die Hände; vielleicht konnte man mit ihrer Hilfe sogar Premierminister werden. Doch wenn er nicht sehr aufpasste, riskierte Johnson dabei einen Pakt mit dem Teufel der Engstirnigkeit und des Provinzialismus, wenn nicht der xenophoben Menschenfeindlichkeit. Er riskierte den Verrat an seiner politischen Seele. Oder, falls man in puncto Seele nicht so empfindlich war: eine irreparable Beschädigung seines politischen Images. Eine radioaktive Verseuchung der bisher trotz aller Sündenfälle und Kontroversen insgesamt positiv besetzten, weithin Sympathie garantierenden Boris-Figur.

Boris Johnson, das wurde im vorigen Kapitel schon erwähnt, hat sich nicht leicht zur Unterstützung der *Leave*-Seite im Brexit-Referendum entschlossen. Anders als Justizminister Michael Gove, mit dem er später während der Kampagne ein höchst effektives Team bilden sollte, war der Londoner Bürgermeister weder durch Kabinettsdisziplin noch durch persönliche Freundschaft zu besonderer Loyalität gegenüber Premierminister Cameron verpflichtet. Johnson konnte sich relativ frei fühlen, dem Regierungschef die Gefolgschaft zu verweigern und für ein Ausscheiden aus der Europäischen Union zu werben. Aber Johnson hielt es keineswegs für gewiss, dass die *Brexiteers* eine echte Chance hatten, die Volksabstimmung zu gewinnen. Und trotz jahrzehntelangen Schimpfens über Brüssel mögen seine Empfindungen in Sachen Brexit ehrlich gemischt gewesen sein. Er hatte zwar immer wieder gegen die Machtansprüche der Europäischen Kommission protestiert und mehr britische Entschlossenheit bei der Verteidigung nationaler Interessen gefordert. Doch er war nie ausdrücklich für einen EU-Austritt des Vereinigten Königreichs eingetreten. Unter dem Strich hatte die Bilanz in seinen Augen am Ende doch für die Mitgliedschaft gesprochen.

«Viele von uns moderaten Euroskeptikern», so Johnson 2001, in seinen frühen Abgeordnetentagen, «haben uns nächtelang unruhig herumgewälzt und gefragt, ob wir glaubhaft für einen Verbleib in der EU eintreten können. (Andere Leute mögen von aufregenderen Dingen wachgehalten werden, aber so sind wir, wir Euroskeptiker. Wir lieben unser Thema hingebungsvoll.) Manchmal, während dieser trüben Nachtwachen, schien es, dass es keine Antwort auf [den rechten Tory-Politiker] Norman Lamont gibt, der für den Ausstieg ist. Die britische Wirtschaft würde nicht zusammenbrechen – im Gegenteil; einige Branchen könnten sogar leicht profitieren. Aber was am Ende für mich immer knapp den Ausschlag gibt, ist, dass wir Einfluss auf die Gestaltung des Kontinents verlieren würden. Und es ist das Ziel von fünfhundert Jahren britischer Diplomatie gewesen, dass Kontinentaleuropa nicht gegen unsere Interessen geeinigt wird. Es ist auch möglich, dass der Austritt eine gewisse Gemeinheit in der nationalen Grundhaltung ermutigen würde – obwohl andere denken mögen, dass das ein Preis ist, den zu zahlen sich lohnt.» Dieser Schlussgedanke war besonders bemerkenswert: Der eingefleischte EU-Kritiker Boris Johnson stellte sich anderthalb Jahrzehnte vor dem Brexit instinktiv vor, dass eine Trennung von der Union nicht die noblen und sympathischen, sondern die kleinlichen, engherzigen Züge im britischen Charakter betonen und verstärken würde.

Es gibt nämlich im «Boriversum» trotz aller Hohnausbrüche über Kondomgrößennormen und aller Zornanfälle gegen die fiesen machiavellistischen Kommissionsbürokraten aus Frankreich eine Zone des authentischen Respekts für das europäische Projekt. Man erkennt das etwa daran, wie selbstverständlich der gelernte Altertumswissenschaftler Johnson die EU mit dem *Imperium Romanum*, dem Römischen Reich der Antike, vergleicht – eine geschichtliche Formation, die zwar undemokratisch und, wie der Name sagt, imperial war, aber zugleich eine immense zivilisatorische Leistung darstellte. Johnson sieht die Euroskeptiker der Gegenwart als zeitgenössische Nachfolger der «Romanoskeptiker» von damals: Männer wie der Cherusker Arminius, der im Jahr 9 nach Christus in der sogenannten «Schlacht im Teutoburger Wald» (tatsächlich wahrscheinlich im niedersächsischen Kalkriese) die Legionen des Statthalters Publius Quinctilius Varus vernichtete und so die Unabhängigkeit Germaniens vom römischen Imperium sicherte. Arminius und seine Gesinnungsgenossen waren ohne Zweifel wackere Widerstandskämpfer gegen die Fremdbestimmung durch eine zentralistische Bürokratie und aufrechte Streiter für Autonomie und Souveränität. Sie waren allerdings auch, im Kontrast zur raffinierten, überlegenen Kultur des kaiserzeitlichen Rom – Barbaren. Ihre «Romanoskepsis» war nicht bloß edler Freiheitswille, sondern ebenso Ausdruck eines Minderwertigkeitskomplexes.

Wer die welthistorische Vorgeschichte, die zweitausendjährige Ahnenreihe der heutigen Europa-Kritik so vielschichtig und ironisch rekonstruiert, der kann kein simpler, unkomplizierter Verächter der EU und des Integrationsgedankens sein. Johnson hat einmal beschrieben, mit welchen Gedanken und Empfindungen er in der Nähe von Detmold das «Hermannsdenkmal» besichtigt hat, die 1875 vollendete Kolossalsstatue des Arminius, die zu den monumentalen Zeugnissen des deutschen Nationalismus zählt. «Als ich da stand und zu Hermann hinaufsah», so Johnson, «kam es mir vor, als würde ich auf die große Frage im Herzen des europäischen Experiments blicken. Wir modernen Europäer sind geteilt. Alle Umfragen sagen das. Wir sind geteilt in Europhile und Euroskeptiker: Leute, die Gefallen an der Idee finden, eine einzige Einheit aus den verschiedenen europäischen Nationen zu formen – und Leute, die es bei weitem vorziehen, ihren nationalen Traditionen treu zu bleiben und den Vorrang nationaler Regierungen zu bewahren.» Letztlich, muss man vermuten, sprach Johnson mit diesen Bemerkungen zur Gespaltenheit zwischen Euroskepsis und Europhilie nicht nur über den europäischen Kontinent, seine Völker und seine Politik. Sondern zugleich über sich selbst. Er war und ist beim Thema Europa in Wahrheit auch zerrissen. Wie übrigens auch Arminius, der nicht nur Cherusker, sondern gleichzeitig römischer Bürger, sogar römischer Ritter war – also ebenfalls ein Mann mit zwei Loyalitäten.

Diesmal freilich, im Angesicht des Referendums, konnte Boris Johnson einer Festlegung nicht ausweichen. Im Vorfeld seiner Entscheidung war er von allen Seiten mit Ratschlägen und Bitten bombardiert worden, per Anruf oder Textnachricht; er schaltete schließlich entnervt sein Mobiltelefon aus. Noch im letzten Augenblick hatte Premierminister Cameron in einer

BBC-Sendung an den Londoner Bürgermeister appelliert, sich für *Remain* zu erklären. Wenn es Johnson wirklich, so Cameron, um die Souveränität des Vereinigten Königreichs gehe, dann müsse man bei den Beratungen und Voten der EU mit am Tisch sitzen, wohingegen der Isolationskurs des Brexit genau der falsche Schritt wäre: «Man hat eine Illusion von Souveränität, aber man hat keine Macht, keine Kontrolle, man kann nichts bewirken.» Genau Johnsons eigenes Argument aus dem Jahr 2001. Doch um fünf Uhr nachmittags am Sonntag, dem 21. Februar 2016, trat Johnson vor die Tür seines Stadthauses ins Blitzlichtgewitter und Reportergeschrei und gab bekannt, dass er für das Ausscheiden Großbritanniens aus der EU eintreten werde. Im *Daily Telegraph* erschien von den beiden Zeitungsartikeln, Für und Wider, die er zur Referendumsalternative vorbereitet hatte, die Pro-Brexit-Kolumne.

Was hatte den Ausschlag gegeben? Wir werden wahrscheinlich bis zur Publikation von Boris Johnsons Memoiren warten müssen, bevor er seine Motive im Detail darlegt (und auch dann wird man nicht wissen, ob man ihm glauben kann). Das Karrierekalkül hat gewiss eine Rolle gespielt: Die Mitgliederbasis der Tories ist euroskeptisch, die Entscheidung für *Leave* mochte Johnsons Chancen bei einem künftigen Kampf um die Parteiführung der Konservativen vermehren, selbst wenn er und seine Seite das Referendum verlieren sollten. Doch es war sicher auch Überzeugung dabei. Jenseits aller Einzelheiten der Brüssel-Kritik hat es Johnsons Brexit-Mitstreiter Michael Gove schön formuliert: Boris ist «ein romantischer Gegner dessen, wofür die EU steht» – das ganze Geschäft des Regulierens und Harmonisierens widersteht ihm instinktiv und innerlich, er findet es freier Menschen und freier Völker unwürdig.

«Romantisch» ist dabei jedoch auch das Bild, das Johnson von sich selbst hat. Es muss für ihn ein schwer erträglicher Gedanke gewesen sein, in einer historischen Auseinandersetzung nicht den abenteuerlichen, heroischen Aufstand gegen den Status quo zu unterstützen, sondern sich in der Gesellschaft von Industriellenverband, Finanzministerium und Zentralbankchef auf die Seite von Routine und Stabilität zu schlagen. Boris Johnsons poetische und theatralische Bedürfnisse sprachen klar für die Brexit-Position. «Ich dachte», hat ihn sein Kompagnon Gove wiedergegeben, «dass es einfach bequem von mir wäre, nicht in den Ring zu treten. Im Grunde denke ich, dass ich für den Kampf gemacht bin.»

Boris Johnsons Eintritt in die Brexit-Arena veränderte die Dynamik des Referendums sofort. Der populärste Politiker des Landes, berühmt von Dover am Ärmelkanal bis in die entlegensten Grenzregionen von Nordirland, hatte Partei für die Sache der *Leaver* ergriffen – das mobilisierte Aufmerksamkeit und Sympathie in einem völlig neuen Ausmaß. Die Kampagne holte aus Johnsons Prominenz heraus, was sie nur konnte, vor allem auch, um einprägsame Bilder zu produzieren. Man ließ ihn in einen Laster klettern, in einem Sportwagen Doughnuts verzehren und, zum Thema Subventionen für die Landwirtschaft, sogar eine Kuh verkaufen.

Die *Remainer* versuchten im Gegenzug, Johnsons Attraktivität durch Angriffe auf seine Ernsthaftigkeit und Glaubwürdigkeit, letztlich auf seinen Charakter zu neutralisieren. «Ich fürchte, die einzige Zahl, an der Boris Johnson interessiert ist», erklärte Energieministerin Amber Rudd in einer Fernsehdebatte, in der es unter anderem um die numerisch fassbaren ökonomischen Auswirkungen eines möglichen Brexit ging, «ist die Zahl 10» –

die Hausnummer in der Londoner Downing Street, die den Amtssitz des Premierministers bezeichnet. Aber Rudd bezichtigte Johnson nicht nur des inhaltsleeren, rein persönlichen Ehrgeizes. Sie hatte noch einen Pfeil mehr im Köcher, einen vergifteten. In ihrem Schlusswort attackierte sie, in Johnsons Gegenwart und vor einem riesigen nationalen Publikum, seine zweifelhafte Sexualmoral: «Boris, er ist das Leben und die Seele der Partei. Aber er ist nicht der Mann, von dem man am Ende des Abends nach Hause gefahren werden möchte.» Die demoskopischen Analysen hinterher zeigten, dass die persönlichen Angriffe auf Johnson dem *Remain*-Lager nicht genützt hatten. Der Londoner Bürgermeister war und blieb einfach zu beliebt; es war ein Fehler, sich allzu direkt und aggressiv mit ihm anzulegen. Den Kampf gegen den Brexit zu einem Kampf gegen Boris Johnson zu machen, reduzierte die Chancen des Brexit nicht, sondern steigerte sie.

Die Auseinandersetzung um den britischen EU-Austritt, mit der Referendumskampagne im Frühjahr und Frühsommer 2016 als fieberhaftem Zentrum, war eines der großen politischen Dramen der europäischen Zeitgeschichte. Wer es genau erzählt bekommen möchte, findet alle Informationen und jede Menge psychologische Farbe in *All Out War*, dem phantastischen Buch, das Tom Shipman, der Politikchef der Sonntagszeitung *Sunday Times*, über die Schlacht um die Volksabstimmung geschrieben hat. Die Sache ist in die Populärkultur eingegangen durch den Fernsehfilm *Brexit: The Uncivil War*, in dem der *Sherlock Holmes*-Star Benedict Cumberbatch den Organisator der Austrittskampagne *Vote Leave*, Dominic Cummings, spielte. Cummings, der heute als Chefberater von Boris Johnson in der Londoner Regierungszentrale Downing Street 10 arbeitet, wurde durch seine Rolle im Referendumsstreit und durch Cumberbatchs TV-Porträt zu einer echten politischen Legende. Er wurde bewundert und gehasst wie kein anderer zeitgenössischer Machtstratege: der geniale Feldherr eines David-gegen-Goliath-Kampfes in den Augen der EU-Gegner, der skrupellose Manipulator einer durch Hetze verführten Nationalseele aus der Perspektive der Pro-Europäer. Der Brexit ist ein Labyrinth von Manövern, Kalkulation und Intrige – und zugleich epischer, mythenfähiger Stoff.

Für die Geschichte von Boris Johnson müssen uns hier nur die einfachen Grundlinien interessieren. Premierminister Cameron war sich im klaren darüber, dass viele Briten (übrigens auch er selbst) mit hochfliegendem Idealismus zum Thema europäischer Verbundenheit nicht viel anfangen konnten. Das einzig wirklich effektive Argument für den Verbleib in der EU schien ihm das ökonomische zu sein: Das Ausscheiden aus der Union würde einen unverantwortlichen Sprung ins wirtschaftliche Dunkel bedeuten. Das *Remain*-Lager überzog die Öffentlichkeit mit einer ganzen Serie bedrohlicher Vorhersagen, bis hin zu der erstaunlich präzisen Prognose, dass der Brexit den durchschnittlichen britischen Haushalt bis zum Jahr 2030 um 4300 Pfund ärmer machen würde. Die Austrittsfraktion dagegen tat die nimmermüde Sorgenmacherei der EU-Verteidiger verächtlich als «Projekt Angst» ab.

Die *Leave*-Verfechter verfügten nur über eine einzige Trumpfkarte, die potenziell mehr Durchschlagskraft besaß als die Finanzargumente der *Remain*-Seite – und das war das Thema Einwanderung. Nigel Farage setzte es rücksichtslos ein. Die von Dominic Cummings geleitete offizielle Brexit-Kampagne war vorsichtiger. Sie wollte mit Farage, der als abschreckend für die politische Mitte galt, nach außen hin nichts zu tun haben und musste sich daher auch bei der Benutzung seiner Lieblingswaffe «Immigration» zurückhalten, um selbst nicht zu faragistisch zu wirken. Doch in Wahrheit watete die gesamte *Leave*-Truppe tief in den Sumpf der Xenophobie hinein.

Sie machte keineswegs nur konkrete, sachliche Politikvorschläge wie die Einführung eines punkte-basierten Einwanderungssystems nach australischem Vorbild, das die Migration ins Vereinigte Königreich nach einem Ende der EU-Mitgliedschaft drastisch reduzieren sollte. Sondern die Brexit-Fraktion schürte ohne Zweifel Angst und Aggression. Im Mai 2016 veröffentlichte die Kampagne ein Poster, das Fußstapfen auf dem Weg durch eine offene Tür, in Form eines aufgeklappten Passes, zeigte, mit der Erläuterung: «Die Türkei (Bevölkerung: 76 Millionen) tritt der EU bei». Das Plakat war nicht nur hetzerisch, sondern auch schlicht eine Lüge: Es bestand auf absehbare Zeit nicht die mindeste Aussicht auf eine Aufnahme der Türkei in die Union. Aber die Brexit-Befürworter hörten nicht auf, das Thema auszubeuten. Tim Shipman erzählt in seinem Buch, dass Dominic Cummings sich abends beim Verlassen des *Vote Leave*-Hauptquartiers bei einem Mitarbeiter zu erkundigen pflegte: «Was ist für die nächste Woche geplant?» Der Mann antwortete stets: «Nächste Woche ist Türkei-Woche, Chef.» Worauf Cummings ebenso unweigerlich bemerkte: «Ganz recht. Jede Woche ist Türkei-Woche.»

Boris Johnson hat an dieser Türkei-Demagogie nicht teilgenommen; laut Shipmans Recherchen hat er bei Cummings dagegen protestiert und sich geweigert, in seinen eigenen Auftritten einen (fiktiven) türkischen EU-Beitritt für eine drohende

Steigerung der Kriminalität in Großbritannien verantwortlich zu machen. Aber Johnson war und blieb der Star-Performer, das populäre Gesicht und der erfolgreichste Stimmenfänger einer Kampagne, die ihre Energie zunehmend aus der dunklen Materie der Fremdenfeindschaft und des Misstrauens gegen eine vermeintlich gefährliche Außenwelt gewann. Und Johnson schreckte durchaus nicht davor zurück, auch selbst den Tonfall eines härteren, krasseren Nationalismus anzuschlagen. In einem Interview verglich er das Projekt der europäischen Integration mit der Unterwerfung des Kontinents durch das nationalsozialistische Dritte Reich: «Napoleon, Hitler, verschiedene Leute haben das probiert, und es endet tragisch. Die EU ist ein Versuch, es mit anderen Mitteln zu machen.»

Als US-Präsident Barack Obama zur Unterstützung von Premierminister Cameron nach London kam, um für einen Verbleib des Vereinigten Königreichs in der EU zu werben, lag es aus Sicht der *Leave*-Mannschaft nahe, sich eine solche Einmischung zu verbitten: Der Brexit war, konnte man mit gutem Grund sagen, eine urbritische Angelegenheit, und es wirkte ziemlich unpassend, wenn der «Führer der freien Welt» und Staatschef der westlichen Vor- und Supermacht in dieser Angelegenheit auf ein zwar verbündetes, aber unabhängiges Land Druck ausübte. Doch auf so simple Kritik beschränkte sich Johnson nicht. Er grub in einem Zeitungsbeitrag die alte Geschichte wieder aus, dass der Präsident eine Büste von Winston Churchill aus dem Oval Office hatte entfernen (und durch eine Martin-Luther-King-Skulptur ersetzen) lassen. Johnson brachte die Episode in Verbindung mit der Biographie von Obamas Vater, der 1936 in Afrika geboren war, im heutigen Kenia, damals noch Teil des britischen Kolonialreichs. «Einige», schrieb Johnson über die Verbannung der Büste, «haben gesagt, dass das eine Brüskierung Großbritanniens gewesen ist. Einige haben gesagt, es symbolisiere die herkunftsmäßige Abneigung des teilweise kenianischen Präsidenten gegen das britische Empire – das Churchill so leidenschaftlich verteidigt hatte.»

Das war eine bizarre Bemerkung. Nicht schon deshalb, weil sie öffentlich über den Einfluss einer familiären Erfahrung auf das politische Weltbild von Barack Obama spekulierte (das war bloß ein bisschen taktlos und, im Umgang mit dem mächtigsten Mann der Welt, einigermaßen töricht). Bizarr auch nicht allein darum, weil Johnson dem «teilweise kenianischen» Präsidenten gewissermaßen sein Amerikanertum abzusprechen schien (jedenfalls «teilweise»), wie es Rechtsextremisten in den Vereinigten Staaten wegen Obamas angeblich ausländischer Geburt oder muslimischer Religionszugehörigkeit schon lange getan hatten. Er stellte sich damit in die Nähe von Leuten wie Donald Trump und deren hasserfüllten Kampagnen.

Tatsächlich schockierend war vielmehr, dass Johnson das unterstellte Imperialismustrauma des US-Präsidenten offenbar nicht wirklich ernstnehmen konnte, dass er es wie eine Art Behinderung behandelte, wie eine womöglich begreifliche, aber doch höchst bedauerliche Verständnisblockade, die dem amerikanischen Präsidenten eine angemessene Einsicht in die wahre Größe Churchills (und eventuell auch des britischen Empire) versperrte. Wirklich schade, schien Johnson zu sagen, dass man von unglücklichen historischen Umständen und bitteren Erlebnissen derart verblendet und in die Irre geführt werden kann! So von oben herab auf die Opfer des Kolonialismus und ihre Nachfahren zu blicken, war vielleicht nicht gleich, wie Johnsons Gegner meinten, rassistisch – aber für einen intelligenten, gebildeten, in der Welt herumgekommenen Menschen verriet diese Einstellung ein erstaunliches Maß an Arroganz und Beschränktheit zugleich, eine sowohl menschliche als auch politische Phantasielosigkeit. Und natürlich passte der Seitenhieb gegen den «teilweise kenianischen» Präsidenten zu den reaktionären, atavistischen Wir-Gefühlen, die zumindest Teile der Brexit-Bewegung beflügelten und beherrschten.

Am 23. Juni 2016 entschieden sich die britischen Referendumswähler mit einer knappen, aber klaren Mehrheit von 51,9 gegen 48,1 Prozent für den Austritt des Vereinigten Königreichs aus der Europäischen Union. Wie viel Mitverantwortung trägt Boris Johnson für die fremdenfeindliche Unterströmung der *Leave*-Kampagne? Wie sehr sind er und die Sache des Brexit durch dieses Anschwellen von Intoleranz diskreditiert und beschmutzt? Einer von David Camerons Ministern, der auf der *Remain*-Seite der Auseinandersetzung stand, vertraute Tim Shipman an, dass er es unheimlich fand, wie Johnson die Anti-Migrations-Propaganda von Nigel Farage in den Mainstream einführte. Damit machte er im Vereinigten Königreich einen ungewohnt rabiaten Nationalismus akzeptabel: Plötzlich passierte es, dass ein Politiker, «der so attraktiv wie Boris ist, die Positionen von UKIP hinaustrompetete. Großbritannien hat das große Glück, dass wir keinen populistischen Politiker haben, der so gut ist wie Marine Le Pen [die Führerin der französischen Rechtsradikalen]. Farage ist weder so gemein noch so gut wie sie. Auf einmal jedoch hatte man Farages Worte und Boris' Stimme, und das ist eine sehr machtvolle Kombination.»
    Ryan Coetzee, einer der Planer der *Remain*-Kampagne, hat die *Leave*-Agitation zum Thema Einwanderung im Rückblick

für absolut unmoralisch und unentschuldbar erklärt: «Sie haben Geld ausgegeben noch und noch, online und in ihren Broschüren, um den Menschen Sachen zu erzählen, die nicht stimmten. Es war darauf angelegt, dass man Angst vor Ausländern bekommen sollte. Ich verstehe nicht, warum Leute bei dieser Sache herumeiern: Es *war* lügenhaft und fremdenfeindlich. Das sind die Worte, die es am besten beschreiben. [...] Sie taten es in einer Umgebung, in der so viel Paranoia und Misstrauen herrschte, dass Leute nur zu bereit waren, dieses Zeug zu glauben.» Coetzee gab zu, es sei «hundert Prozent wahr», dass sich viele Bürger von der Globalisierung zurückgelassen fühlten. Aber die Brexit-Propaganda habe das Problem der Verlierer und Überforderten nicht bearbeitet, nur ausgebeutet: «Was die *Leave*-Kampagne ihnen anbot, war ein Feind, ein Buhmann. Was Großbritannien diesen Leuten bieten muss, ist eine Zukunft.»

Boris Johnson hat persönlich stets Distanz zum xenophoben Element im Brexit-Lager gehalten, und er hat sich bei seinen eigenen Auftritten mit immigrationsfreundlichen Statements nicht zurückgehalten. «Ich bin für Einwanderung, meine Freunde», erklärte er Mitte Juni, in einem der heikelsten Augenblicke der Kampagne, eine Woche nach der Ermordung der pro-europäischen Labour-Abgeordneten Jo Cox durch einen rechtsextremen Fanatiker. «Ich bin», so Johnson, «der stolze Nachkomme türkischer Einwanderer, und lasst mich euch vielleicht überraschen, indem ich sage, ich werde weitergehen, ich bin nicht nur für Einwanderung, ich bin für Einwanderer, und ich bin für eine Amnestie für illegale Einwanderer, die seit mehr als zwölf Jahren hier sind.» Das Votum für diese Amnestie war eines von Johnsons progressiven Politiksignalen als Londoner Bürgermeister gewesen – jetzt wollte er offenbar klarmachen, dass er nicht auf die finstere Seite der Macht im Kulturkampf zwischen Aufklärung und Hinterwäldlerei hinübergewechselt, sondern der alte, liberale Boris geblieben war, noch immer der Anwalt eines urbanen, kosmopolitischen, modernen Großbritannien.

Wenige Tage nach dem Referendum hat Johnson in einem Artikel für den *Daily Telegraph* die von ihm selbst bevorzugte Interpretation des Abstimmungsergebnisses vorgetragen. «Es heißt», schrieb Johnson, «dass die *Leave*-Wähler hauptsächlich von Sorgen über die Einwanderung getrieben waren. Ich glaube nicht, dass das der Fall ist. Nachdem ich Tausende von Leuten im Laufe der Kampagne getroffen habe, kann ich versichern, dass das wichtigste Thema ‹Kontrolle› war – ein Gefühl, dass die britische Demokratie durch das EU-System unterminiert wurde, und dass wir dem Volk diese lebenswichtige Macht zurückgeben sollten: ihre Regierenden bei Wahlen hinauszuwerfen und neue auszusuchen.»

Beim Brexit, so stellte Boris Johnson es dar, ging es um Souveränität, um demokratische Selbstbestimmung, um das Recht der Briten, ihr Schicksal in die eigenen Hände zu nehmen. Es ist wahr, dass er selbst die Referendumskampagne mit diesem Argument bestritten hatte und dass das Beharren auf nationaler Autonomie immer zentral für seine Kritik am Brüsseler Europa gewesen war. Doch wahr ist auch, dass «Kontrolle» für die meisten Brexit-Befürworter des Jahres 2016 in erster Linie, wenn nicht fast ausschließlich, «Kontrolle der Einwanderung» bedeutete. Politikwissenschaftler haben die Motive der Wähler im Nachhinein mit mikroskopischer Genauigkeit untersucht, und es ist unzweifelhaft, dass die Immigrationsangst der wichtigste Faktor bei der Entscheidung für *Leave* war – eine Angst, die von

Johnsons Mitstreitern unter Johnsons Augen bewusst geschürt und genährt wurde.

Der Brexit, die Scheidung des Vereinigten Königreichs von der Europäischen Union, ist nicht notwendig ein xenophobes Projekt. Doch die Brexit-Agitation war eine xenophobe Kampagne. Sie hat genau jene «Gemeinheit» hervorgetrieben und hoffähig gemacht, die Boris Johnson selbst fünfzehn Jahre früher ahnungsvoll vorhergesehen hatte. Und wenn der Hauptverantwortliche des Brexit das nicht wahrhaben will, dann belügt er entweder sich oder die Welt oder beide.

KAPITEL 6

JOHNSONISMUS

Wir kehren jetzt noch einmal für einen Augenblick zu dem ungemütlichen, nasskalten Wahlkampf im Spätherbst 2019 zurück, von dem ich im zweiten Kapitel bereits erzählt habe. Die Wahl war ein Schlüsselereignis, eine Zäsur der britischen Politik – und für Boris Johnsons politisches Profil und Projekt ein entscheidender Wendepunkt. Er ist inzwischen Premierminister, und unter dem Slogan *Get Brexit Done* kämpft er für eine satte Regierungsmehrheit und für die Absegnung des Austritts-Deals, den er mit der Europäischen Union vereinbart hat, durch das Wahlvolk. Denn das Referendum hat nur eine prinzipielle, generelle Entscheidung für die Trennung von der EU getroffen. Die Details muss das Kabinett in London mit den Gemeinschaftsinstitutionen in Brüssel aushandeln und anschließend durch das Unterhaus bringen. Was sich in den vergangenen Monaten als schwierig erwiesen hat.

Nun also ein Wahlkampf, um dem Brexit-Kurs endlich ordentlichen parlamentarischen Rückhalt zu verschaffen. Meine Begegnung in Derbyshire mit Lee Rowley, dem Tory-Abgeordneten mit Oxford-Studium und City-Karriere, der aus einer Bergarbeiterfamilie stammt und leidenschaftlich den Abschied von der EU unterstützt, hat mich bereits neugierig auf die Zukunft der Konservativen Partei gemacht. Doch mein wirkliches Aha-Erlebnis wartet auf mich in der alten Industriestadt Stoke-on-Trent in der mittelenglischen Provinz, gut zwei Eisenbahnstunden von London entfernt.

Jo Gideon, die Bewerberin der Tories für den Unterhaussitz im Wahlkreis Stoke-on-Trent Central, eine sympathische, aber nicht unbedingt zu rustikaler Volkstümlichkeit geschaffene ältere Dame, hat wetterfeste Kleidung angezogen. Ein einzelner freiwilliger Helfer, bärtig und in Anglerhosen und Gummistiefeln wie ein Seemann, treibt die Kandidatin unerbittlich zwischen Regenschauern von Haustür zu Haustür und von Postschlitz zu Postschlitz, um Handzettel mit ihrem Lebenslauf und ihrem Wahlprogramm einzuwerfen. Um die Tapferkeit der Aktion angemessen zu würdigen, darf man nicht nur an die ungünstigen Witterungsbedingungen denken. Viel schwerer wiegt, dass die Kampagne in steinigstem politischem Feindesland stattfindet.

Stoke-on-Trent – das ist das England der Arbeiterklasse, historisch eine Stadt von Bergbau-, Stahl- und vor allem Porzellanherstellung, später ein Opfer der De-Industrialisierung unter der Tory-Ikone Margaret Thatcher. Mit der marktradikalen Premierministerin hatten in den 1980er Jahren Großbritanniens Ausstieg aus dem produzierenden Gewerbe und die heute ungebrochene Dominanz des Dienstleistungssektors begonnen – für alte Fabrikstandorte wie Stoke-on-Trent eine ökonomisch und sozial verheerende Entwicklung. Die seltsam flaschenförmigen Öfen, in denen früher Geschirr gebrannt wurde, stehen noch hier und da wie archäologische Monumente einer längst vergangenen Epoche in der Stadtlandschaft. Neue Arbeitgeber wie ein Logistikzentrum von Amazon oder eine Großfirma für Online-Wetten haben sich angesiedelt, aber die Löhne liegen unter dem nationalen Durchschnitt. In dem Areal, in dem Jo Gideon kandidiert, haben seit Mitte der 1930er Jahre ausschließlich Bewerber der Labour Party gewonnen. Warum macht sich die 67-jährige Geschäftsfrau, die auf eine vielfältige Karriere vom Seidenpapierimport bis hin zu zwölf Jahren als Stadträtin in Kent zurückblicken kann, überhaupt die Mühe, hier anzutreten? Um, wie sie halb ernst erklärt, die älteste neue weibliche Abgeordnete im Unterhaus seit 1929 zu werden?

Die Antwort ist, dass genau solche Orte wie die drei Wahlkreise in Stoke-on-Trent (einen davon haben die Tories schon 2017 gewonnen) den Konservativen bei der bevorstehenden Parlamentswahl am 12. Dezember 2019 den Sieg bringen sollen. Entgegen der langen Geschichte der Tories als politischer Arm der Privilegierten ist die Strategie der Partei unter dem seit wenigen Monaten amtierenden Regierungschef Boris Johnson in hohem Grade auf Wähler aus dem Arbeitermilieu ausgerichtet. Der Brexit, so das Kalkül der Wahlkampfplaner, hat die gewohnten Parteiloyalitäten untergraben und neue Chancen für die Konservativen geschaffen.

In Stoke-on-Trent haben beim Referendum nämlich im Juni 2016 fast siebzig Prozent für einen Austritt Großbritanniens aus der Europäischen Union gestimmt. Man hat den Ort die «Brexit-Hauptstadt» des Vereinigten Königreichs getauft. Und Stoke ist kein Einzelfall: Es gibt Dutzende von Wahlkreisen im üblicherweise «roten» Nord- und Mittelengland, die mit großen Mehrheiten gegen die Mitgliedschaft in der EU gestimmt haben. Labour jedoch, die Traditionspartei dieser Regionen, ist beim Thema Brexit gespalten und gelähmt. Die meisten Funktionäre und die Anhängerschaft der Sozialdemokraten in urbanen Zentren wie London und den englischen Universitätsstädten sind gegen den Bruch mit der Europäischen Union. Parteichef Jeremy Corbyn erklärt, dass er bei einem zweiten Volksentscheid, den Labour über die EU-Zugehörigkeit abhalten will, neutral bleiben werde. Es wirkt alles peinlich feige und konfus. Dagegen treten die Konservativen unter Boris Johnson als entschiedene *Leave*-Partei auf. Noch vor Weihnachten, verspricht der Premierminister, soll der Austrittsdeal, den er mit Brüssel verhandelt hat, im Unterhaus verabschiedet werden, wenn die Tories eine Mehrheit erhalten. Das ist eine Klarheit, die bei euroskeptischen Labour-Anhängern gut ankommt.

Im Reihenhäuschen von Michael Hoare wird Jo Gideon freundlich empfangen. Die überdimensionale *poppy* im Fenster, das Mohnblumen-Symbol, das in Großbritannien für die Erinnerung an die Kriegstoten steht, lässt schon von den Treppenstufen im Vorgarten aus erkennen, dass hier Patrioten wohnen. Der 77-jährige Hoare war Eisenbahner, Gewerkschafter; er hat sein Leben lang Labour gewählt. Seine Frau Larane, die in diesem Haus geboren wurde, stammt aus einer Stahlarbeiter-Familie; von der Schwelle vor der Wohnungstür aus zeigt sie mir den einstigen Standort einer Fabrik, die im Zweiten Weltkrieg von deutschen Bomben zerstört wurde.

Im Dezember, sagt Michael Hoare, will er zum ersten Mal für die Tories stimmen. Ihr Wahlkampfslogan, «Lasst uns den Brexit hinter uns bringen!», findet seine volle Zustimmung – aber das ist nicht der einzige Grund, der ihn bewegt. Am Vorabend, erzählt er, hat er Jeremy Corbyn bei einer TV-Diskussion erlebt: «Was für ein Idiot». In Hoares Augen ist der Labour-Führer, der enorme Ausgabenprogramme und Verstaatlichungsprojekte propagiert, ein weltfremder linksradikaler Fanatiker.

Der ehemalige Eisenbahner ist überhaupt von seiner alten Partei enttäuscht. Auch die Labour-Stadträte in seiner Gemeinde, meint er, «haben nie etwas für Stoke-on-Trent getan». Die gesamte politische Klasse sei elitär und abgehoben. Die Tory-Kandidatin Jo Gideon, die den Schimpftiraden auf die nutzlosen Sozialisten natürlich mit Befriedigung zugehört hat, wirft ein, dass sie ein normales staatliches Gymnasium besucht hat, keine exklusive Privatschule. Wie sehen die Hoares den Premierminister, der doch gewiss kein Durchschnittsengländer von nebenan, sondern eher ein Vertreter der Elite ist? «Ich mag Boris Johnson», ruft Hoares Frau Larane, die in der Küche mit einem Enkel und dem Auspacken von Einkäufen beschäftigt ist. «Er ist komisch. Er ist ein Original.» Aber kann man ihm trauen? Michael Hoare: «Kann man irgendwem trauen?» Besser als die Brexitblockierer und sektenhaften Marxismusfreaks von Labour scheint der Tory-Premier auf jeden Fall zu sein. Für das Ehepaar Hoare ist Boris Johnson einen Versuch wert.

Diese gewandelten parteipolitischen Sympathien im Hause Hoare sind nicht untypisch. Im Arbeitermilieu liegen die Tories in landesweiten Umfragen inzwischen weit vor der Labour Party. Die Konservativen haben ihr Wahlprogramm auf die neu umworbene Klientel zugeschnitten: Geplante Steuererleichterungen für Firmen und Wohlhabende sollen verschoben werden, während Investitionen ins staatliche Gesundheitssystem oder in die energiesparende Gebäudesanierung für einkommensschwache Familien vorgesehen sind. Die Tories präsentieren sich als Partei der kleinen Leute, der Eton- und

Oxford-Zögling Boris Johnson tritt als Volkstribun auf – und es funktioniert. Die Konservativen und ihr Premierminister scheinen auf dem Weg zu einem klaren, womöglich überwältigenden Wahlsieg zu sein.

Das ist, wenn man sich die vorangegangenen dreieinhalb Jahre, die Zeit seit dem Brexit-Referendum im Juni 2016, ins Gedächtnis ruft, im Grunde ein unbegreifliches Wunder. Denn diese Periode war für Johnson eine lange Serie von Demütigungen und Desastern. Sie begann damit, dass er einem spektakulären Akt von politischem Verrat zum Opfer fiel. Alle Welt hatte erwartet, dass nach einem Sieg des *Leave*-Lagers in der Volksabstimmung und dem dann unvermeidlichen Rücktritt von Premierminister Cameron höchstwahrscheinlich und logischerweise Johnson der nächste britische Regierungschef sein würde. Doch im letzten Augenblick, als das Amt schon zum Greifen nah war, erklärte sein bisheriger Hauptverbündeter, Justizminister Michael Gove, dass er seinen Brexit-Mitstreiter leider nicht wie geplant unterstützen könne: «Ich bin, mit Bedauern, zu dem Schluss gekommen, dass Boris Johnson nicht im Stande ist, für die bevorstehende Aufgabe die nötige Führung zu gewährleisten oder das Team zusammenzubringen.» Johnson, so die Botschaft, war zu selbstbezogen und chaotisch, um in einer so kritischen Lage die Regierung zu übernehmen. Goves atemberaubende Kehrtwende machte Johnsons Hoffnungen auf den Chefposten zunichte. Die Konservativen entschieden sich stattdessen für Theresa May als neue Premierministerin. Boris Johnson bekam als Trostpreis und zur politischen Ruhigstellung das Außenministerium.

Damit folgte das zweite Debakel. Johnson erwies sich als fabelhaft inkompetenter Außenminister, der eine diplomatische

Peinlichkeit an die andere reihte. Er fiel auf einen Scherzanrufer herein, der sich als armenischer Ministerpräsident ausgab, und diskutierte mit ihm ausführlich die Probleme der Russlandpolitik. Er verglich den damaligen französischen Staatspräsidenten François Hollande (der sich offenbar beim Thema Brexit nicht entgegenkommend genug zeigte) mit einem sadistischen Wachmann in einem Kriegsgefangenenlager des Zweiten Weltkriegs. Bei einem Besuch in Myanmar, der früheren britischen Kolonie Burma, zitierte Johnson mit unschuldigem Behagen ein sentimentales Gedicht von Rudyard Kipling, dem Barden des Imperialismus, offenbar ohne Gedanken an die Gefühle und möglichen Reaktionen des ehemaligen Untertanenvolks. Der britische Botschafter, der bei der bizarren Szene danebenstand, musste seinem Minister Einhalt gebieten. Johnson war als oberster Außenrepräsentant des Vereinigten Königreichs eine offenkundige Fehlbesetzung.

Und selbst als er nach diesen Pleiten doch noch seine große Chance bekam, konnte er, drittes Desaster, mit ihr erst einmal nichts anfangen. Theresa May war von den endlosen fruchtlosen Verhandlungsrunden mit der EU und ihrer eigenen zerrissenen Partei über die genaue Ausgestaltung des Brexit schließlich zermürbt worden und kündigte Ende Mai 2019 ihren Rücktritt an. Die Tories erinnerten sich daran, dass sie zwei Jahre vorher Boris Johnson schon einmal beinahe zum Parteivorsitzenden und Premierminister gemacht hatten, und holten es jetzt nach. Der Gute-Laune-Politiker und Sieger des Brexit-Referendums war trotz seiner missglückten Außenministerzeit bei der Basis der Konservativen nach wie vor extrem beliebt und wurde bei einer Urwahl im Juli 2019 mit eindrucksvoller Mehrheit zum neuen Tory-Führer und Regierungschef bestimmt. Nur stand auch seine Zeit in 10 Downing Street gleich wieder unter einem schlechten Stern – und man kann nicht behaupten, dass Boris Johnsons zunehmend verzweifelte Gegenmaßnahmen die Angelegenheit viel besser gemacht hätten.

Das Problem des neuen Premierministers war (ohne allzu viele Details dieser besonders verworrenen Phase der britischen Zeitgeschichte noch einmal auszubreiten), dass er genau wie Theresa May für seinen Brexit-Kurs keine Mehrheit im Unterhaus hatte. Nicht nur die offizielle Opposition aus Labour, Liberalen und schottischen Nationalisten versagte ihm die Unterstützung, sondern auch zahlreiche Abgeordnete der eigenen Konservativen. Mit eskalierender Aggressivität versuchte Johnson, seinen Willen trotzdem durchzusetzen. Er warf die Tory-Rebellen aus Fraktion und Partei – und versetzte seine Regierung damit endgültig in eine unheilbare Minderheitenposition. Er wollte einen Verfahrenstrick nutzen, um das Parlament in einen mehrwöchigen Zwangsurlaub zu schicken und an weiteren störenden und bremsenden Brexit-Beratungen zu hindern – nur um vor dem Obersten Gerichtshof mit dieser abenteuerlichen Aktion eine krachende Niederlage zu erleiden und vor der Öffentlichkeit als ertappter Rechts- und Verfassungsbrecher dazustehen. Schließlich zwang das Unterhaus den Regierungschef gegen seinen erklärten Willen, bei der EU um eine Fristverlängerung für die Austrittsgespräche nachzusuchen. Die Parlamentarier gaben den internationalen Partnern des Vereinigten Königreichs quasi offiziell bekannt, dass der Premierminister nicht geschäftsfähig war: im Amt, aber nicht an der Macht.

Wie schaffte es Johnson, diese Irrsinnszeit zu überstehen und am Ende sogar gestärkt daraus hervorzugehen? Das Rezept war zugleich waghalsig und einfach: Er und sein Chefberater Dominic Cummings brachten es fertig, die endlose Reihe von schlagzeilenträchtigen Misserfolgen als irrelevante Nebensache zu behandeln, als bloße *side show* zur eigentlichen, angeblich einzig wichtigen Story: dass nämlich die Mehrheit der Briten das ganze Gewürge um den EU-Abschied satt hatte und die immer neuen Einwände und Einsprüche im Parlament zunehmend für Obstruktion hielt. Für die arrogante Besserwisserei eines Establishments, das dem ungewaschenen Volk und seinem verdammten *Leave*-Votum nicht das Schicksal des Landes anvertrauen wollte. Die Regierungskritiker im Unterhaus, so stellten es Johnson und seine Leute dar, nahmen nicht an einzelnen Modalitäten des vorgeschlagenen Brexit-Procederes Anstoß, sie wollten den Brexit überhaupt verhindern und damit den unmissverständlichen Willen des britischen Volkes durchkreuzen. Es war ein Anschlag auf die Demokratie.

Und diese Angriffslinie von Johnson und Cummings zielte nicht nur auf das Parlament. Tatsächlich war das Projekt des EU-Austritts ja nicht nur bei zahlreichen Abgeordneten, sondern bei der ganzen besseren Gesellschaft des Landes überwiegend unbeliebt. Wenn man die Redakteure der BBC, die Dozenten eines beliebigen Colleges in Oxford oder Cambridge, die Mitglieder des «Verbandes der britischen Industrie» oder die Bischöfe der anglikanischen Kirche hätte entscheiden lassen – es wäre mit Sicherheit keine Mehrheit für *Leave* dabei herausgekommen. Brexitskepsis, bis hin zur Brexitophobie: das war die typische Haltung in der Elite, und das gab der Regierung eine fabelhafte Chance. Viele Leute hatten nicht die mindeste Lust, sich von irgendwelchen vermeintlich einsichtsreicheren und urteilskräftigeren Erste-Klasse-Passagieren des Staatsschiffs *Britannia* politische Belehrungen anzuhören und das Referendumsergebnis madig machen zu lassen. Im Gegenteil, sie fanden eine solche herablassende Bevormundung empörend.

Der Premierminister beutete diesen anti-elitären Affekt aus: Er erklärte seine Regierung gewissermaßen zur geschäftsführenden Avantgarde der Massen im Kampf mit den versnobten Brexit-Miesepetern, von den pessimistischen Wirtschaftsexperten bis zur trägen Ministerialbürokratie von Whitehall. Als sich die Debatte im Unterhaus so heillos verhakt hatte, dass außer Neuwahlen kein Ausweg mehr offenblieb, hatte Johnson das Programm einer perfekten populistischen Kampagne schon fertig: Er sprach für die normalen Britinnen und Briten im Gegensatz zu einer anmaßenden Herrenkaste, er führte die Sache der vielen (die den EU-Austritt wollten oder wenigstens akzeptierten) gegen die wenigen (die hochmütigen Blockierer). Mit diesem Schlachtplan zog der Premierminister in den Wahlkampf – und die Sympathie, auf die er stieß, zeigte schnell, dass er die Stimmung von einer Menge Bürgern erfasst hatte.

Was ich also in Stoke-on-Trent im Haushalt der Eisenbahnerfamilie Hoare mitbekam, waren die Früchte einer wohlüberlegten, konsequent umgesetzten Strategie. Jo Gideon, die Tory-Kandidatin, spürte genau, dass ihre Partei mit Johnsons Kurs eine echte Chance auf einen großen Erfolg besaß. Sie war allerdings unsicher, ob der landesweite Trend wirklich so stark sein könnte, dass es auch für sie, in ihrem besonders schwierigen Wahlkreis, zu einem Sieg reichen würde. Das war vielleicht ein bisschen viel verlangt, und ich glaube, dass die Kandidatin sich insgeheim darauf einrichtete, bei einer knappen, ehrenhaften Niederlage nicht allzu enttäuscht zu sein. Aber am Ende übertraf der Triumph von Boris Johnsons Konservativen alle Erwartungen. Die Tories errangen im Unterhaus eine Mehrheit von 80 Stimmen. Die sogenannte «rote Mauer» stürzte ein: Parlamentssitze, die Labour seit Jahrzehnten gehalten hatte, besonders in Nord- und Mittelengland, fielen an die Konservativen. Und Jo Gideon schnitt in Stoke-on-Trent Central besser ab, als sie wahrscheinlich selbst für möglich gehalten hätte. Am Tag nach der Wahl, als ich längst wieder in Deutschland war, bekam ich von ihr eine E-Mail, die außer dem Hinweis auf einen Artikel in der Lokalzeitung nur einen kurzen Satz enthielt: «Ich habe gewonnen!»

Es wäre allerdings verkehrt, den sensationellen Sieg von Johnsons Tories im Dezember 2019 allein auf fragwürdigen, wenn nicht schamlosen Populismus zurückzuführen und in seiner neuen Pose als Anwalt der kleinen Leute bloß ein taktisches Manöver zu sehen. Es steckte mehr dahinter, und die Sache war interessanter. Um Boris Johnsons Triumph zu verstehen, muss man sich mit dem Johnsonismus beschäftigen. Wie bitte? Dieser berüchtigte Spieler, Demagoge und Opportunist soll seiner Regierung eine echte politische Philosophie zugrundegelegt haben, einen langfristigen Plan, eine Idee von der Zukunft der Konservativen? Ja, genau so ist es. Der Premierminister verfolgte ein genau durchdachtes, ernsthaftes Programm. Es war der vielleicht interessanteste Teil des Projekts Johnson, womöglich folgenreicher als der Brexit und mit potenzieller Ausstrahlung weit über das Vereinigte Königreich hinaus. Man könnte die Sache provisorisch als Volkskonservativismus bezeichnen. Ein eigentümlicher Begriff, den der Premierminister in den Tagen nach der Wahl regelmäßig verwendete, liefert den Schlüssel zu seiner ideologischen Orientierung und ihrem historischen Hintergrund.

Bei jeder Gelegenheit nämlich, wenn er seinen Wählern dankte, zu Parteiaktivisten sprach oder sich an das ganze Land wandte, baute Boris Johnson eine sperrige, für Uneingeweihte leicht rätselhafte Formel in seine Ausführungen ein: das Bekenntnis zu einem «Konservativismus der einen Nation». Dieses Motiv des *one nation conservatism* geht zurück auf einen der großen Staatsmänner der britischen Geschichte, den herausragenden Tory-Parteiführer und Premierminister in der Zeit der Königin Viktoria: Benjamin Disraeli.

1845, noch gegen Anfang seiner politischen Karriere, veröffentlichte Disraeli den gesellschaftkritischen Roman *Sybil,* in dem er die Spaltung des frühindustriellen England in «zwei Nationen» anprangerte, die einander so fremd seien, «als ob sie in verschiedenen Klimazonen leben würden oder Bewohner verschiedener Planeten wären»: die Reichen und die Armen. Disraeli entdeckte die soziale Frage für die Tories; er unternahm später, als Regierungschef, erste Vorstöße in Richtung einer Wohlfahrtsgesetzgebung und richtete die Konservativen auf den allmählichen Aufbau einer Massenbasis in der Arbeiterschaft aus. Die Tories sollten, so Disraeli, die «nationale» Partei sein, patriotisch nach außen und integrativ nach innen, während die Liberalen, damals im 19. Jahrhundert die andere große politische Kraft, nach seiner Ansicht die Vertreter von eigensüchtigen Spezialbedürfnissen waren, von den Wirtschaftsinteressen der Fabrikantenbourgeoisie bis zu den regionalen Sonderwünschen von Schotten und Iren.

Das Schlagwort von der «einen Nation» (als Gegensatz zur Brutalität und Zerrissenheit der Klassengesellschaft) wurde zum Code für einen populären, gemeinschaftsorientierten Sozialkonservativismus. Für eine Tory-Politik, die nicht feudale Privilegien oder die Vermögen und Einkünfte der Wohlhabenden verteidigte, sondern das gesamte Land, einschließlich des bisher von allen bürgerlichen Kräften gleichermaßen vernachlässigten Proletariats, repräsentieren wollte. Winston Churchills Vater, Lord Randolph Churchill, war ein besonders glühender Disraelianer, der für sein Ideal einer schichtenübergreifenden konservativen Volkspartei das Wort von der «Tory-Demokratie» prägte. Sein Sohn, der seinen historischen Ruhm seiner außenpolitischen Rolle als Kriegspremier im Kampf gegen Hitler verdankt, übernahm in der Innen- und Sozialpolitik weitgehend diese One-nation-Philosophie seines Vaters. Und Winston Churchill ist bekanntlich, allenfalls hinter Perikles zurückstehend, der große Held von Boris Johnson.

Kein Wunder also, dass Johnson bei der Disraeli-Tradition anknüpft. Mit dem patriotischen Mobilisierungsthema Brexit und der offenkundigen Unwählbarkeit von Labour-Chef Corbyn haben die Konservativen im Dezember 2019 Stimmbezirke gewonnen, die seit den 1930er Jahren in ihren kühnsten Träumen nicht vorgekommen waren. Die Rechte hat die Linke als politische Vertretung der Arbeiterklasse (oder was von ihr übrig ist) praktisch abgelöst. Das kann nicht ohne Folgen für den Kurs der Regierung bleiben. Für seine neuen Wähler muss und will Johnson jetzt etwas tun.

Sie sind, im Unterschied zur klassischen Tory-Klientel, keine Verfechter eines geschrumpften Staates, keine Marktliberalen, die auf die Privatisierung öffentlicher Dienstleistungen und auf möglichst große Freiheit für die Wirtschaft setzen. Die Neukonservativen erwarten im Gegenteil mehr staatliche Unterstützung für ihre vielfach heruntergekommenen Städte und Regionen. Das bedeutet Priorität für den Ausbau von Gesundheitssystem, Polizei und Schulen, es bedeutet Milliardeninvestitionen in die Verkehrsinfrastruktur und andere Großprojekte in der Provinz. Von der *austerity*, der Sparpolitik früherer Tory-Regierungen, die in vielen Gemeinden soziale Hilfsangebote finanziell ausgeblutet oder Schwimmbäder und Bibliotheken zur Schließung gezwungen hat, distanziert Johnson sich ausdrücklich. Die Parole lautet jetzt *level up*: Die Lebensverhältnisse in den benachteiligten Gegenden Großbritanniens, vor allem im Norden und in der Mitte Englands, sollen endlich auf ein vergleichbares Niveau mit dem prosperierenden London oder den reichen Grafschaften im Südosten angehoben werden. Auch staatliche Subventionen für gemeinschaftswichtige Unternehmen in wirtschaftlicher Not sind kein Tabu.

Es ist paradox: Ausgerechnet unter dem Brexit-Betreiber Boris Johnson, in dem Moment, da das Vereinigte Königreich sich von der EU verabschiedet, wird der britische Konservativismus «europäischer». Er löst sich vom unbedingten Marktglauben, den Margaret Thatcher den Tories Ende der 1970er Jahre eingeimpft hat, und nähert sich dem Typus der kontinentalen Christdemokratie an, die im Frieden mit dem Wohlfahrtsstaat lebt. Immer wieder ist prophezeit worden, dass der Austritt Großbritanniens aus der EU den endgültigen Bruch mit dem europäischen Gesellschaftsmodell bedeuten würde, die komplette Amerikanisierung Englands, die Preisgabe schützender Sozial- und Umweltstandards, den Rückfall in einen enthemmten Manchesterkapitalismus. Gut möglich, sogar wahrscheinlich, dass das Vereinigte Königreich in Zukunft sein Vorschriftenkorsett auf manchen Gebieten tatsächlich lockern könnte: die Freiheit zur Abweichung von einschränkenden Brüsseler

Regelungen ist schließlich eine der wichtigsten Pointen des Unternehmens Brexit. Aber nichts spricht für irgendwelche Großangriffe auf den Sozialstaat. Im Gegenteil, alles deutet auf seinen Ausbau und seine Pflege hin.

Insgesamt entsteht im Wahlkampf und bei den ersten Regierungserklärungen in den Wochen danach das Bild einer Tory-Partei, die gleichzeitig nach rechts und nach links rückt. Der Brexit mit seiner Betonung von Souveränität und Nationalgefühl; eine restriktivere Einwanderungspolitik; das Versprechen, Straftäter ihre vollen Haftstrafen absitzen zu lassen – bei den *Law-and-Order*-Themen zeigt sich der Johnsonismus ungeniert staatskonservativ. Dafür erscheint er in Wirtschaftsfragen geradezu sozialdemokratisch, will mehr für die berufliche Bildung tun und findet neue Schnellbahnverbindungen wichtiger als Steuersenkungen. Die Kombination von «linker» Sozialpolitik mit «rechten» Kultur- und Symbolthemen, wie Johnson sie probiert, ist zwar nicht komplett originell; die in Polen regierende «Partei Recht und Gerechtigkeit» (PIS) etwa operiert im Prinzip ähnlich. Doch ist das normalerweise eine gehässige, auf die Ausgrenzung von Minderheiten und Außenseitern zielende Strategie. Diese Politik zeigt für gewöhnlich ein missgünstiges, verkniffenes Gesicht. Davon kann beim britischen Premierminister nicht die Rede sein. Atmosphärisch ist sein Volkskonservativismus in den zugleich lärmenden und selbstironischen Optimismus getaucht, den Johnson persönlich ausstrahlt und der ihn trotz seiner polarisierenden Wirkung zu einer frappierend populären Figur gemacht hat.

Alles zusammen ergibt eine politisch hocheffektive Mischung, mit der Johnson sowohl die Linke als auch den organisierten Nationalpopulismus geschlagen hat: nicht nur Corbyns

Labour, sondern auch die *Brexit Party*, durch die der Europa-Hasser Nigel Farage bei der Wahl im Dezember 2019 noch einmal groß herauskommen wollte. Er und die Seinen haben kein einziges Mandat im Unterhaus erobert. Der konservative Triumph über die Farage-Truppe, die unter der unglückseligen Premierministerin Theresa May noch wie eine tödliche Bedrohung für die Tories aussah, ist besonders bemerkenswert. Johnson hat mit seinem Brexit-Kurs als erster Politiker eines großen westlichen Landes den populistischen Impuls aufgenommen, in den parteimäßigen Mainstream umgeleitet – und so die Populisten als selbständige politische Kraft zum Verschwinden gebracht. Das war ein enormer Erfolg, und für andere Mitte-Rechts-Parteien in Europa stellte sich die Frage, ob sie ihn irgendwie nachahmen könnten. War Boris Johnson etwa gar kein Spinner, Brexit-Britannien doch kein Irrenhaus – sondern womöglich ein Modell, jedenfalls ein spannendes politisches Experiment, das genau zu beobachten und von dem vielleicht sogar zu lernen sich lohnte? Jahre des Hochmuts und der Ignoranz gegenüber dem vermeintlich durchgeknallten Inselvolk und dem vielgeschmähten «Clown» an seiner Spitze wirkten auf einmal ein bisschen voreilig, wenn nicht geradezu peinlich.

Zwei Gefahren für Johnsons Volkskonservativismus allerdings fielen sofort ins Auge. Die eine hatte mit den inneren Spannungen bei den Tories und in ihrer Ideologie zu tun. Die Altgläubigen des Thatcherismus, denen staatliche Interventionen und aktive Sozialpolitik als Teufelszeug galten, waren ja mit der Wahl vom Dezember 2019 nicht ausgestorben; unter den Parteimitgliedern stellten sie vielmehr nach wie vor die Mehrheit. Es war durchaus unklar, wie sie mittelfristig auf ein stärker «christdemokratisches» Profil konservativer Politik reagieren würden. Zumal der Konflikt bis hinein ins Kern- und Herzthema Brexit reichte: Viele langjährige EU-Skeptiker bei den Tories erwarteten vom Austritt aus der Union nichts so ungeduldig wie die Chance zu mehr Deregulierung, Liberalisierung und Flexibilisierung. Das freilich, wie wir gesehen haben, waren gerade nicht die Veränderungen, nach denen sich die neugewonnenen Wähler in den kriselnden Industrielandschaften Nordenglands sehnten. Sie wollten Schutz und Sicherheit. An solchen Widersprüchen könnte der Volkskonservativismus schnell wieder zerbrechen.

Die andere erkennbare Gefahr für den Johnsonismus war die Hybris. Schon die handstreichartige Suspendierung des Parlaments im Spätsommer, mit der die Regierung den Brexit gegen die widerspenstigen Angeordneten durchpauken wollte, hatte beim Premierminister und seinen Beratern einen bedenklichen Hang zur Maß- und Skrupellosigkeit offenbart. Jetzt, nach der Wahl, verfügte Johnson über eine Mehrheit im Unterhaus, mit der ein britischer Regierungschef praktisch allmächtig ist. Würde er die Gelegenheit nutzen, um die Kompetenzen der Gerichte zu beschneiden, die ihn im Brexit-Kampf geärgert und ihm seine Grenzen aufgezeigt hatten? Die BBC malträtieren, die in konservativen Kreisen als skandalös linkslastig galt? Die Verwaltung politisch gefügig machen und den Geist der unabhängigen Professionalität brechen, auf den die britischen Beamten stolz sind? Die Agitation gegen die progressiven, proeuropäischen Eliten zu einer permanenten Kampagne machen, zu einem Kulturkampf à la Donald Trump? Eine entfesselte Regierung im Machtrausch würde das Land nach dem Brexit zum zweiten Mal spalten – anders gesagt: die Brexit-Spaltung verewigen. Das wäre der Verrat am «Konservativismus der einen Nation».

So stand Boris Johnson im Winter 2019/20 auf einem Gipfel der Macht und zugleich an einer politischen Weggabelung. Er konnte zu einem Premierminister im dauernden Wahlkampfmodus werden, dem Schürer eines britischen Dauerkonflikts. Er konnte aber auch etwas Neues, Produktives, Heilsames versuchen, eine Überwindung der sozialen und regionalen Zerrissenheit seines Landes, und den bislang aussichtsreichsten Lösungsversuch für das hartnäckige, unbewältigte Populismus-Problem der europäischen und westlichen Politik. Das eine wie das andere war eine mögliche Fortsetzung der schon jetzt erstaunlichen Geschichte des Boris Johnson.

Aber dann geschah noch einmal das ganz und gar Unvorhergesehene.

KAPITEL 7

DER KOMÖDIANT
IN DER TRAGÖDIE

Auf YouTube kann man sich die Pressekonferenz ansehen, die Boris Johnson am 22. März 2020 in seinem Amtssitz in 10 Downing Street gegeben hat. Der Premierminister steht im holzgetäfelten *Briefing Room* der Regierungszentrale an einem wappengeschmückten Podium, hinter ihm zwei britische Flaggen, seitlich links von ihm der Wohnungsbauminister, zu seiner Rechten die Vize-Chefin des *National Health Service (NHS)*. Die von dem neuartigen Corona-Virus ausgelöste Covid-19-Epidemie, die Ende 2019 in China ausgebrochen war, hat zu diesem Zeitpunkt längst Europa erreicht und bereits schwer getroffen. Der ganze Kontinent steht unter dem Eindruck apokalyptischer Bilder aus Norditalien, mit einem völlig überforderten Gesundheitssystem und Patienten, die ohne ausreichenden medizinischen Beistand sterben wie schwerverwundete Soldaten in den überfüllten Feldlazaretten eines Kriegsgebiets.

Die Schutzmaßnahmen, die Boris Johnson und sein Kabinett bis zu diesem Märztag für Großbritannien angeordnet haben, liegen noch unter der Schwelle eines generellen *Lockdowns.* Restaurants, Kneipen und Fitnessstudios sind zwar bereits geschlossen, im öffentlichen Raum soll *social distancing* mit einem Mindestabstand von zwei Metern praktiziert werden. Aber einstweilen sind keine verbindlichen Einschränkungen der Bewegungsfreiheit der Bürger in Kraft, keine Anordnungen, Einkäufe auf das Lebensnotwendige zu beschränken, Familien- und Freundesbesuche zu unterlassen oder nur einmal am Tag für Sportaktivitäten wie Joggen, Spazierengehen oder Radfahren das Haus zu verlassen. Der Premierminister wirkt allerdings besorgt, dass die Selbstdisziplin der Bürger zur Kontrolle der Epidemie nicht ausreichen könnte. Während des zurückliegenden schönen Frühlingswochenendes hatten sich Massen im ganzen Land in die Parks gedrängt. Wenn die bisher beschlossenen Maßregeln nicht befolgt würden oder sich als ungenügend erweisen sollten, so Johnson vor den Medienvertretern, dann werde die Regierung nicht zögern, die Vorschriften zu verschärfen.

Während dieser Pressekonferenz kommt es zu einer mikroskopischen, nur Sekunden dauernden Szene, an der man Boris Johnsons ganzes inneres Elend in den Wochen und Monaten der Corona-Epidemie ablesen kann. Eine Journalistin erkundigt sich beim Premierminister, ob er bei hartnäckiger Unvernunft der Leute zur Erzwingung von vorschriftsmäßigem Verhalten «die Polizei einsetzen» werde. Sie ist in ihrer Frage über die Formulierung schon hinaus und spricht weiter, als Johnson plötzlich leicht aufschreckt, als habe er erst jetzt das Gehörte begriffen, und wie verständnislos und halb ungläubig wiederholt: «Die Polizei einsetzen?!» Man sieht förmlich, was für ein befremdlicher, im Grunde ungeheuerlicher Gedanke das für ihn ist. Er hat sich sein ganzes Journalisten- und Politikerleben lang über die *Health and safety*-Fanatiker in Brüssel und anderswo lustig gemacht, die Kindern das unbeaufsichtige Aufblasen von

Luftballons verbieten oder kalorienreiche Fleischpasteten aus der Schulspeisung verbannen wollen. Soweit er überhaupt eine politische Philosophie hat, ist sie instinktiv und universal libertär: Verbietet nicht, auf dass euch nicht verboten werde. Freiheit mag so ziemlich das Einzige sein, woran Boris Johnson wirklich und ehrlich glaubt. Und nun soll er die Polizei in Marsch setzen, um Seebäder räumen oder picknickende Briten in städtischen Gartenanlagen auseinandertreiben zu lassen? Es sprengt fast den Rahmen seiner Vorstellungskraft, und schon die Idee widert ihn an.

Das Vereinigte Königreich ist von der Corona-Epidemie besonders schlimm gebeutelt worden. Im Verhältnis zur Bevölkerung lag die Zahl der Todesopfer nach der ersten Seuchenwelle höher als in fast allen anderen europäischen Ländern. Die Gründe dafür sind nicht vollständig klar und auf jeden Fall vielfältig; manche haben wenig mit staatlichem Handeln zu tun. Boris Johnson kann nichts dafür, dass England dichter besiedelt ist als Deutschland oder Frankreich, was einen epidemiologischen Nachteil darstellt – oder dass es mit London einen Verkehrsknotenpunkt der Globalisierung beherbergt, der dem Virus ein riesiges Einfallstor bot. Die Schwächen des Nationalen Gesundheitsdienstes (NHS) sind ein Erbe vieler früherer Regierungen, und der neue Premierminister hatte sich zu Beginn seiner Amtszeit gerade vorgenommen, ihnen endlich abzuhelfen. Boris Johnson ist keineswegs der Alleinschuldige für die Covid-Nöte des Vereinigten Königreichs.

Und doch, und doch: Es gibt unzweifelhaft eine starke Dosis Johnson im bitteren britischen Corona-Kelch. Seine Wissenschaftler mögen ihm anfangs irrigerweise zur Gelassenheit geraten haben, aber «Gelassenheit» passte viel zu gut zu den eigenen Instinkten und Neigungen des Premierministers, als dass man ihn einfach als Opfer fehlerhafter Expertise davonkommen lassen könnte. Es ist keine Schande, vor staatlichen Zwangsmaßregeln erst einmal prinzipiell und automatisch, gewissermaßen aus dem politischen Rückenmark heraus, zurückzuschrecken. Im Gegenteil, der verlässliche Affekt gegen alles Bevormunden, Gängeln oder Einschränken gehört zu Boris Johnsons attraktivsten Eigenschaften. Doch da war auch die Geschichte mit dem «Weißen Hai», Steven Spielbergs Horrorfilm, von der wir im ersten Kapitel des Buchs gehört haben. Benahm sich der Premier jetzt etwa wirklich wie der skrupellose Bürgermeister, den er vor Jahren frivolerweise (und zur johlenden Begeisterung seiner Zuhörer) als Helden gepriesen hatte – der Mann, der die Strände seines Badeorts offenhält, obwohl im Meer vor der Küste ein mörderisches Ungeheuer auf Opfer lauert?

Wie sehr die Erinnerung an die unheimliche Kino-Episode Johnson beschäftigt haben muss, lässt sich aus einer Bemerkung des Regierungschefs später im Verlauf der Corona-Krise erschließen, als er längst von seinem anfänglichen Leichtsinn abgekommen und äußerst vorsichtig geworden war. Als im Sommer 2020 nach Monaten massiver Verhaltensbeschränkungen größere Lockerungsschritte im Vereinigten Königreich anstanden, warnte der Premierminister seine Mitbürger vor Übermut: «Das Virus ist da draußen, immer noch kreisend wie ein Hai im Wasser.» Die Wahl des Bildes war verräterisch. Hier sprach offenkundig Johnsons eigenes schlechtes Gewissen.

Unabhängig von allen einzelnen Fehlern oder Pannen war das Covid-19-Kernproblem für Boris sofort klar: das Missverhältnis zwischen der Natur des Augenblicks und dem Wesen des Mannes, der ihn zu bewältigen hatte. Was immer selbst seine glühendsten Anhänger in ihm gesehen hatten – für den geborenen Krisenmanager wird ihn nie jemand gehalten haben. Ich erinnere mich an ein Gespräch, das ich im Herbst 2019 während des endlosen Gewürges um die Modalitäten des EU-Austritts mit einem klugen und angesehenen Tory-Abgeordneten in seinem Büro im Palast von Westminster hatte, dem neugotischen Riesenbau am Ufer der Themse, in dem das britische Parlament sitzt. Johnson, damals bereits Premierminister, besaß (vor der triumphalen Dezemberwahl) im Unterhaus für seine Vorstellungen zur Trennung von der Europäischen Union keine Mehrheit, versteifte sich aber trotzdem auf einen kompromisslosen Konfrontationskurs und fing sich eine Niederlage nach der anderen ein. Der Parlamentarier, der mir erschöpft gegenübersaß, durchaus kein eingefleischter Brexit- und damit prädestinierter Boris-Gegner, verzweifelte an der Führungskompetenz und schlicht an den handwerklichen Fähigkeiten seines Regierungschefs. Gar nicht schadenfroh, sondern resigniert lautete sein Fazit: Johnson kann es einfach nicht.

Diesen ewigen Verdacht aktualisierte das Corona-Drama nun wieder. Auf einmal wirkte die Personalie Johnson wie von gestern, aus der Zeit gefallen, ein historischer Irrtum. Zu erheblichen Kosten hatte das britische Volk einen politischen Komödianten engagiert, den begabtesten und prominentesten seiner Generation. Und plötzlich stand eine Tragödie auf dem Spielplan. Der Mann, der seine ganze Laufbahn auf eine unbesiegbare gute Laune gegründet hatte, den sein Lehrer in Eton so schön und richtig einen «Lebensvermehrer» oder «Lebensverbesserer» genannt hatte – dieser galauniformierte Zirkusdirektor des Optimismus sollte jetzt die Führung durch ein Tal der Tränen übernehmen. Es schien, aus der Perspektive des Landes betrachtet, eine groteske Fehlbesetzung zu sein, und aus Boris Johnsons eigener Sicht eine fast absurd bittere Ironie des Schicksals, ein Hohnlachen des Weltgeistes.

Wie um die Sache noch schlimmer zu machen, hatte Johnson sich zur Selbstfolter zudem seine eigene, private Höllenmaschine gebaut: die Churchill-Falle. Jeder wusste, dass der Regierungschef ein Bewunderer des britischen Kriegspremiers ist, der 1940/41 mit seiner Insel und seinem Empire allein gegen Hitler standgehalten hat. Johnson hat es stets aufs Peinlichste vermieden, sich direkt mit dem großen Mann zu vergleichen: «Er ist eine einmalige Erscheinung, und ich persönlich habe mehr Ähnlichkeit mit einem einäugigen Flugsaurier als mit Winston Churchill.» Aber Johnson hat auch ein Buch geschrieben (*The Churchill Factor*, 2014), das verdächtig beharrlich, fast obsessiv um das Phänomen kreist, wie dieser Jahrhundertheros nach einer Vorgeschichte von extremer Fragwürdigkeit und blamablen Missgriffen erst im letzten Augenblick, in der absoluten Sondersituation des Kampfes gegen Nazideutschland, schließlich zu historischem Rang aufsteigt.

Jahrzehntelang hatte Churchill dem halben Land als Abenteurer, Opportunist und schamloser Selbstvermarkter gegolten. Er war von den Konservativen zu den Liberalen und dann wieder zurückgewechselt, hatte 1915 als Marineminister das schwerste britische Militärdesaster im Ersten Weltkrieg zu verantworten und redete sich in den 1930er Jahren mit reaktionären Statements von der Kolonialpolitik bis zu den Rechten des Königs beinahe um Kopf und Kragen. Doch als das Monstrum

Hitler erschien, mit dem die Vernünftigen und Professionellen nicht zu Rande kamen, da war Churchill auf einmal der Richtige. Als beinahe Einziger erkannte er frühzeitig, dass man den weltmachtgierigen Diktator nicht durch Zugeständnisse zufriedenstellen konnte, sondern bekämpfen und besiegen musste – koste es, was es wolle. Der Mann, der seine Karriere schon mehrmals fast verpfuscht hatte und der den Briten nie richtig geheuer gewesen war, erwies sich in der Stunde der höchsten Not als ihr Retter.

Es war unmöglich, in Boris Johnsons einfühlsamer Nacherzählung der Churchill-Saga keine Selbstanspielung des Autors auf die eigenen Schwächen zu sehen – und auf ihre mögliche triumphale Wiedergutmachung in einem nationalen Ausnahmezustand. Es war ebenso unmöglich, jetzt, im Augenblick der Corona-Krise, nicht zu fragen: Und? Ist das nun sein Churchill-Moment? Wird der Politiker, der mit dem Glaubenskrieg um den Brexit das Land gespalten hat, in einer versöhnlichen Wendung der Geschichte zum Organisator oder wenigstens zur Kristallisationsfigur einer gewaltigen Gemeinschaftsanstrengung? Kann er das nie gegebene, aber unter der Hand immer angedeutete Versprechen auf einen rettenden Persönlichkeitswandel und die Übernahme einer historischen Rolle einlösen?

Er konnte es nicht. Die Erinnerung an den Zweiten Weltkrieg, in Großbritannien (zu Recht) eine unerschöpfliche moralische Ressource, wurde zwar auch für den Widerstand gegen das Virus rhetorisch mobilisiert. Die Zähigkeit und Tapferkeit, mit der die *Royal Air Force* 1940 im Himmel über England Görings Luftwaffe geschlagen und mit der London die deutschen Bombenangriffe ausgehalten hatte, war immer noch eine lebendige nationale Kraft – so jedenfalls die patriotische Lesart für das Pflichtbewusstsein, mit dem die oftmals unzureichend ausgerüsteten Ärzte und Pflegekräfte des *NHS* Tag für Tag ihre Gefechtsstellungen an der Seuchenfront einnahmen. «The unarmed forces», wie eine wahrhaft majestätische Wortprägung dieser Tage lautete.

Doch es war nicht der Premierminister, der in den Augen der Öffentlichkeit die Tradition des britischen Durchhaltewillens authentisch verkörperte. Das war «Captain Tom», ein damals 99-jähriger ehemaliger Weltkriegsoffizier, der im Vorfeld seines 100. Geburtstags Millionen an Spenden für den *NHS* sammelte, indem er mit seinem Rollator beschwerliche Bahnen durch seinen Garten zog. Und es war Königin Elizabeth II., auch schon in ihren Neunzigern, die in einer Fernsehansprache auf ihren eigenen ersten Radioauftritt im Jahr 1940 zurückblickte. Damals hatte sie sich als vierzehnjährige Prinzessin an die landverschickten Kinder im Vereinigten Königreich und im ganzen Commonwealth gewandt, um ihnen in ihrer Trennung von ihren Familien Mut zuzusprechen – auch jetzt fühlten sich im Corona-Lockdown wieder viele Briten isoliert und von ihren Angehörigen und Freunden abgeschnitten. Es war eine unpathetische, zivile Art, den Geist der Weltkriegszeit zu beschwören, ohne triumphalistisches Vaterlands-Tamtam. Die Monarchin und Captain Tom zeigten sich als echte Integrationsfiguren.

Boris Johnson dagegen blieb eine polarisierende Gestalt, bei den Gegnern des EU-Austritts und überhaupt im fortschrittlichen Großstadtmilieu zu verhasst, um als Symbol oder Katalysator eines einheitstiftenden kollektiven Kraftakts zu taugen. Dass nicht einmal in einer ideologisch-neutralen, die Parteigrenzen überschreitenden Notlage die Wunden des Europa-Streits auf beiden Seiten verheilten oder wenigstens für eine Weile zu schmerzen nachließen, muss als Alarmzeichen einer tief beschädigten politischen Kultur gelten. Wenn man diese Linie auszieht, landet man bei den weltanschaulichen Bürgerkriegen, die seit Jahren das öffentliche Leben in den Vereinigten Staaten von Amerika korrumpieren und lahmlegen. Es ist ein Schicksal, das Großbritannien (ebenso wie die meisten Länder Kontinentaleuropas) bisher vermeiden konnte. Dass das so bleibt, scheint nach den Erfahrungen mit der ungebrochenen Wirksamkeit des Brexit-Gifts keineswegs gewiss.

Boris Johnsons stärkster Moment in der Corona-Krise war gleichzeitig sein schwächster, im doppelten Sinne des Fehlverhaltens und der Verwundbarkeit: es war seine eigene Covid-19-Erkrankung, die ihn Ende März 2020 in die Selbstisolation in 10 Downing Street, am 5. April in die Londoner St.-Thomas-Klinik am Südufer der Themse und einen Tag später auf die dortige Intensivstation zwang. «Ich war beim britischen Volk am populärsten», hat Johnson später gewitzelt, «als die Leute dachten, ich würde sterben.» Es sprach für den Leichtsinn des Premiers in der Anfangsphase der Seuche, dass er selbst und gleich mehrere seiner engen Mitarbeiter sich früh in einer Art Führungshordeninfektion mit dem Virus angesteckt hatten. Doch wirkte die Krankheit eines Mannes, der ohnehin, mit seinem sexuellen Appetit und seinen Gewichtsproblemen, eine immens physische, leibliche Erscheinung ist, zugleich frappierend sinnträchtig: Johnson wurde gleichsam zum Staatskörper, der den Corona-Kampf des ganzen Landes stellvertretend im eigenen Fleisch und Blut austrug.

Die Nation sah ihm zu, wie er zunächst noch, zunehmend bleich und kurzatmig, aus der Quarantäne im premierminis-

teriellen Amtssitz seine forciert zuversichtlichen Videobot-
schaften ans Volk sandte, sie verlor ihn aus den Augen, als er im
Schwarzen Loch der Klinik verschwand, und sie bekam ihn zurück nach sorgenvollen Tagen der intensivmedizinischen Ver-
sorgung inklusive massiver Sauerstoffzufuhr, die, wie er selbst
sich hinterher mit dem Understatement des unmetaphysischen
Menschen ausdrückte, «so oder so» hätten ausgehen können:
Er hatte an der Schwelle des Todes gestanden. Johnsons Entlassung aus der Klinik fiel auf das Osterfest – fast ein bisschen zu
viel der Auferstehungssymbolik. Dass während alledem auch
noch die Verlobte des Regierungschefs hochschwanger war und
er zwei Wochen nach seinem Rendezvous mit der Lebensgefahr
noch einmal Vater wurde, verlieh der beinahe schon grotesken
existenziellen Überbeanspruchung des Premierministers eine
letzte Steigerung.

In einer seiner mit dem Mobiltelefon aufgezeichneten Qua-
rantäne-Botschaften aus 10 Downing Street machte Boris
Johnson eine eigentümliche Bemerkung, mit Blick auf die Solidarität und Hilfsbereitschaft, die sich im Angesicht der Seu-
chenkatastrophe in der Bevölkerung zeigten: «Eine Sache», so
der virusgeschwächte Regierungschef im virtuellen Gespräch
mit seinen Landsleuten, «denke ich, hat die Coronavirus-Krise
schon bewiesen – und das ist, dass es wirklich so ein Ding wie
‹die Gesellschaft› gibt.» Es war eine Formulierung, die politik-
interessierte Briten sofort wiedererkannten: Margaret Thatcher
hatte in ihrem ideologischen Feldzug gegen den Sozialismus
1987 behauptet, dass ein solches «Ding wie die Gesellschaft›»
überhaupt nicht existiere, sondern bloß Individuen und Familien. Der Satz war (ein bisschen ungerecht, weil der Kontext
eigentlich ein nuancierteres Weltbild erkennen ließ) zum In-

begriff des Hardcore-Thatcherismus geworden, zur klischee-haften Parole einer Marktgläubigkeit, die von sozialer Verant-wortung und sozialem Ausgleich nichts wissen wollte.

Nun distanzierte sich ein konservativer Premierminister in einem denkbar dramatischen Moment von dieser Philosophie. Es war das Signal, dass der Johnsonismus, der Abschied der Tories vom Sparen und Liberalisieren und ihre Hinwendung zu mehr öffentlichen Investitionen und größerer Wohlfahrts-staatlichkeit, nach der Corona-Krise nicht etwa verwässert oder verabschiedet werden würde. Im Gegenteil: Boris Johnson hat seither mehrfach klargemacht, dass er mitnichten ein Verfech-ter des «schlanken Staats» und der unbedingten Privatisierung der Lebensrisiken ist. Sein Statement nach der Entlassung aus dem St.-Thomas-Krankenhaus enthielt einen hochemotiona-len Tribut an den Nationalen Gesundheitsdienst, dessen Ärzte, Schwestern und Pfleger ihm das Leben gerettet hatten: Der *NHS*, so Johnson, «ist das schlagende Herz dieses Landes, er ist das Beste an diesem Land, er ist unbesiegbar, seine treibende Kraft ist die Liebe.» Schwer vorstellbar, dass der Regierungschef nach solchen Lobeshymnen auch nur vorsichtige Schritte zu einer stärkeren Ökonomisierung des britischen Gesundheits-wesens unternehmen könnte, mit denen Tory-Politiker in der Vergangenheit immer wieder geliebäugelt haben.

Sobald Johnson in einer ersten Pause des hektischen Anti-Co-vid-Kampfes wieder längerfristige Pläne machen konnte, hat er den *New Deal* des amerikanischen Präsidenten Franklin Roo-sevelt in den 1930er Jahren zum Vorbild für den Wiederaufbau Großbritanniens nach den wirtschaftlichen Verheerungen von Lockdown und Rezession erklärt. Roosevelt hatte zur Überwindung der Großen Depression enorme öffentliche Investitionen in Gang gesetzt und dem Staat eine bis dahin in den USA unvorstellbare Rolle im ökonomischen Leben eingeräumt. Dass Johnson sich für sein Zukunftsprogramm («Bauen, bauen, bauen») auf diesen welthistorischen Honorar-Sozialdemokraten berief, war abermals eine schwere Häresie gegen die traditionelle Orthodoxie des Thatcherismus, ähnlich provozierend wie sein Spruch darüber, dass es tatsächlich so etwas wie eine Gesellschaft gab. «Ich bin kein Kommunist», erklärte der Premierminister in seiner New-Deal-Rede zwar. Aber es war, aus klassischer marktkonservativer Sicht, schon schockierend genug, dass er eine solche Selbstverständlichkeit offenbar eigens betonen musste.

Das also ist das eine Resultat, das an diesem Punkt von Boris Johnsons unsteter, unvollendeter Karriere dauerhaft wirkt: der Johnsonismus. Niemand weiß, ob der britische Premierminister die Ausdauer und Selbstverleugnung besitzt, sein Land tatsächlich persönlich jahrelang durch eine steinige Post-Corona-Landschaft zu führen. Vielleicht wirft er eines Tages hin oder wird unter dem Eindruck von hartnäckigem Chaos und Elend aus dem Amt gedrängt. Aber das «volkskonservative» Modell, sozialökonomisch eher links, kulturell eher rechts, das sich im Brexit-Streit herausgebildet und das Johnson mit seinem Wahlkampf und Wahlsieg im Dezember 2019 offiziell gemacht hat – dieses Modell dürfte noch eine ganze Weile hoch im Kurs stehen. Die Zeit des wirtschaftsliberalen Individualismus ist in England erst einmal vorbei, an ihre Stelle tritt eine neue Tory-Wohlfahrtsstaatlichkeit. Es stecken ein dunkles und ein helles Potenzial in diesem volkskonservativen Projekt, eine Trump- und eine Roosevelt-Möglichkeit gewissermaßen: Die Populärpolitik à la

Johnson kann in bösartige populistische Hetze gegen vermeintlich volksferne Eliten abkippen – oder sie kann die Frustrierten und Abgehängten der Moderne für die Demokratie retten, ihnen einen Rückweg in die Welt der schon halb aufgegebenen Institutionen bahnen, sie politisch resozialisieren. Wie dieses Experiment enden wird, mit der moralischen Kompromittierung seiner Veranstalter oder einer historischen Integrationsleistung, steht noch nicht fest. Die mögliche zerstörerische oder heilsame Ausstrahlung über Großbritannien hinaus, auf ganz Europa und den Westen insgesamt, ist jedenfalls erheblich.

Das andere, was schon jetzt erkennbar von Boris Johnson bleiben wird, ist natürlich der Brexit. Das klingt trivial, hat aber inzwischen einen viel spezifischeren, klareren, schärferen Sinn gewonnen. Gemeint ist nicht einfach, dass der Abschied von der EU stattfindet, sondern dass er tatsächlich etwas bedeutet, dass er Großbritannien und Europa wirklich verändert. «Brexit heißt Brexit», hatte Johnsons glücklose Vorgängerin Theresa May scheinbar nichtssagend und leicht kindisch festgestellt, doch genau darauf wird es hinauslaufen. Welches Verhältnis zwischen dem Vereinigten Königreich und der EU sich auch immer schließlich einstellt, die Trennung dürfte gründlich und nachhaltig sein.

Das hängt nicht allein mit dem britischen Austrittsvotum zusammen, sondern ebenso mit der inneren Dynamik auf Seiten der Europäischen Union. Die EU ist aus der Corona-Krise mit gesteigertem Vereinigungsehrgeiz hervorgegangen, die Tendenz geht in die Richtung von mehr Schicksalsgemeinschaft und finanzieller Umverteilung. Das ist eine Entwicklung, die Großbritannien der Union unweigerlich weiter entfremdet. Nicht bloß die *Leave*-Wähler, sondern auch viele britische EU-

Freunde und Brexit-Gegner finden die Vorstellung einer echten europäischen Gemeinschaftsstaatlichkeit abwegig oder abschreckend. Je fester die Union sich zusammenschließt, desto logischer und natürlicher wird es wirken, dass die Briten nicht dazugehören. Die Möglichkeit, das Vereinigte Königreich könne den Austritt eines Tages widerrufen und in die Union zurückkehren, dürfte weiter und weiter in die Ferne rücken und zunehmend unwirklich scheinen. Es ist ja im übrigen, wie die an kräftezehrenden, stimmungsschädlichen Misshelligkeiten reiche Geschichte des Euro gezeigt hat, alles andere als gewiss, dass mehr Integration die EU automatisch stärker und attraktiver machen wird. Keineswegs ausgeschlossen also, dass der Brexit sich schließlich nicht nur als endgültige, sondern auch als kluge Entscheidung erweist.

Das Ungewöhnliche an Boris Johnson bleibt, dass das Interesse an ihm mit diesen Fragen nicht ausgeschöpft ist. Er ist eine Figur, an der man noch auf andere Weise Anteil nimmt als an Politikern sonst, und das hat nicht bloß mit seiner Unterhaltsamkeit und den unvermeidlichen Skandalen zu tun. Sondern hier ist, seltsam genug im Falle eines scheinbar skrupelarmen Abenteurers, auch eine moralische Spannung mit im Spiel. Die ständige offene Frage, ob jemand auf dem Schwebebalken von Gut und Böse abstürzt oder sich gerade noch halten kann. Man sieht Johnsons außerordentliche Begabung (und die Verpflichtung, die damit einhergehen müsste), man sieht ebenso seine extreme Versuchbarkeit (und wie oft er ihr schon nachgegeben hat). Auf welche Seite wird sich die Waage neigen? Im Kreis der Merkel und Macron, Trump und Putin verkörpert Johnson als Einziger den Typus des ewigen Jungen – und somit den Inbegriff von Unfertigkeit, die Chance von Überraschungen, die Ungewissheit, wie das ganze Abenteuer enden wird. Es kann, um die zugleich unscheinbare und unheimliche Formulierung des Premierministers aus der Zeit seiner Lebensgefahr aufzugreifen, «so oder so» ausgehen. Daher, nicht nur wegen ihrer äußeren Unberechenbarkeit, die leichte Beklemmung, der innerlich angehaltene Atem, mit denen man diese Karriere verfolgt.

Boris Johnson hat sich, wie wir gesehen haben, als eine Art literarische Gestalt entworfen, als Helden eines Lebensromans. Daher kommt die Spannung seiner Geschichte, daraus speist sich ein Interesse an ihm, das über die Politik hinausgeht. Herr Johnson ist nun britischer Premierminister. Aber was aus Boris wird, das wollen wir immer noch erfahren.

LEKTÜRELISTE

ÜBER BORIS JOHNSON

Während meiner Arbeit an diesem Buch lagen zwei Biographien über Boris Johnson vor:

Andrew Gimson: *Boris. The Adventures Of Boris Johnson.* London 2016. (Dies ist die mehrfach aktualisierte Fassung eines 2006 zuerst erschienenen Bandes.)

Sonia Purnell: *Just Boris. A Tale of Blond Ambition.* London 2011

Beide Autoren sind frühere journalistische Kollegen von Johnson, beide Bücher sind gut gearbeitet und lesenswert und zeichnen erkennbar denselben Menschen und Politiker. Gimson freilich steht seinem Gegenstand deutlich freundlicher gegenüber als Purnell.

Ein interessantes Porträt von Johnson liefert auch der ausführliche Essay, mit dem Harry Mount seine Zitaten-Anthologie *The Wit and Wisdom of Boris Johnson* (London 2013) eingeleitet hat.

Im Herbst 2020 soll zudem eine Johnson-Biographie des Journalisten Tom Bower erscheinen.

Das Drama des Brexit-Referendums hat der Politikchef der «Sunday Times» meisterhaft recherchiert und rekonstruiert:

Tim Shipman: *All Out War. The Full Story of Brexit*. London 2017 (aktualisierte Ausgabe)

VON BORIS JOHNSON

Johnsons aufschlussreicher früher Essay über die Oxforder Studentenpolitik ist in einem Sammelband erschienen, den seine Schwester herausgegeben hat:

The Oxford Myth. Edited by Rachel Johnson. London 1988

Eine Auswahl von Johnsons Zeitungs- und Magazin-Artikeln findet sich in zwei Bänden nachgedruckt (mit weitgehenden Überschneidungen):

Boris Johnson: *Lend Me Your Ears*. London 2003

Boris Johnson: *Have I Got Views For You*. London 2008 (aktualisierte Ausgabe)

Über seine frühen Erfahrungen als Wahlkämpfer berichtet Johnson in seinem Kampagnentagebuch:

Boris Johnson: *Friends, Voters, Countrymen. Jottings on the Stump*. London 2002 (aktualisierte Ausgabe)

Intellektuell und psychologisch gleichermaßen erhellend ist Johnsons einziger Roman, ein satirisch-farcenhafter Thriller:

Boris Johnson: *Seventy-Two Virgins*. London 2004

Dass der Vater des Brexit von der Idee der europäischen Integration durchaus nicht bloß abgestoßen, sondern zugleich fasziniert ist, zeigt

Boris Johnson: *The Dream of Rome*. London 2006

Seine liberale Großstadtphilosophie hat Johnson während seiner Bürgermeisterzeit in einer Sammlung historischer Porträts bedeutender Londoner präsentiert:

Boris Johnson: *The Spirit of London*. London 2012 (erweiterte Ausgabe)

Über seinen (neben Perikles) wichtigsten geschichtlichen Helden schließlich hat Johnson eine originelle Biographie verfasst, die immer wieder nach Selbstbezügen des Autors abgesucht wird:

Boris Johnson: *The Churchill Factor. How One Man Made History*. London 2014

Im Kapitel «Johnsonismus» habe ich mit freundlichem Einverständnis des ZEIT-Verlages Passagen aus meinen Artikeln «Klingeln bei der Arbeiterklasse» (vom 28.11.2019) und «Was kann Johnson den Arbeitern bieten?» (vom 18.12.2019) verwendet.

Weitere Titel

Bildung – eine Anleitung

Die Verteidigung des Menschen

Was bleibt von uns?